池上彰の
18歳からの教養講座
現代世界を知るために

池上 彰
日本経済新聞社＝編

日経ビジネス人文庫

はじめに

　このところ「教養」がちょっとしたブームの様相を呈しています。書店の店頭には「教養」の文字を冠した書籍が多く並ぶようになりました。それだけ教養が求められるようになったのでしょう。

　とはいえ、そもそも教養とは何でしょう。人生の滋養になるもの。そんな回答も可能でしょう。人生をよりよく生きるための基礎体力。そんな言い方もあるでしょう。

　長い人生の中で、私たちはさまざまな困難にぶつかります。障害をどうすれば乗り越えることができるのか。そこで教養がモノを言います。教養の多寡が成功と失敗を分けます。このとき必要になるのが、過去の人々の叡智《えいち》です。叡智ばかりではありません。過去の愚かな失敗もまた、他山の石として大いに参考になります。過去の成功と失敗を学んでおく。これも教養なのです。

こうした過去の例を教訓にするためには、歴史を学ばなければなりません。そのために学校には「歴史」という教科があるのです。高校では「世界史」や「日本史」という科目名になっています。

しかし、一口に歴史といっても、多種多様です。高校までの「世界史」や「日本史」では、現代に到達する前に時間切れとなることが多いでしょう。これでは、現代を読み解くことができません。

そこで、東京工業大学で教えている私は、現代史を中心に授業をしています。第二次世界大戦後の東西冷戦が現代にどのような影を落としているのか。冷戦が終結したことによって、何が起きたのか。そうした歴史の道筋をたどりながら、人々の取り組みの成功と失敗を、学生たちと考えています。現代史は、現代に生きる私たちにとっての必須の教養だと思うからです。

現代史を講義する際、私は、最新のニュースを導入に用います。いま何が問題になっているのか、それを把握するために現代史の理解が必要であることをわかってもらうためです。

こうした講義録を書籍にまとめたのが、この本です。東日本大震災を、私たちはどう受け止めるべきなのか。政権交代は何をもたらしたのか。私たちにとって「豊かさ」とは何か。バブルや公害問題の歴史を考えました。

さらには、日本を取り巻く東アジア情勢の激変の中で、日米安保や沖縄の米軍駐留問題も取り上げました。

この本には、私の講義以外にも、東京工業大学の学園祭での私と中高校生のやりとりも収録しました。将来に向けて、どのような勉強をすればいいか悩む若者たちとのやりとりは、さながら進路相談のような様相を呈しました。

この本の内容は、日本経済新聞に連載された「池上彰の必修教養講座」が元になりました。連載では、日本経済新聞社の倉品武文さんにお世話になりました。書籍にまとめるにあたっては、日本経済新聞出版社の白石賢さん、堀川みどりさん、武安美雪さんのお手を煩わせました。

２０１４年５月

ジャーナリスト・東京工業大学教授　池上　彰

目次 Contents

第三章 戦後世界のかたちを学ぶ 5つのテーマ

デザイン＝新井大輔
イラストレーション＝石山好宏

第一章

講演集

池上先生、教養を学ぶ意味って何ですか？

学ぶ力を持つということ

第一章
Lecture. 1

学生に教えられたこと

私は2012年の春から、東京工業大学リベラルアーツセンターで教授を務めています。主に第2次世界大戦後の日本と世界の歴史と現代の時事問題とのつながりについて、学生たちと一緒に考える講義を受け持っています。引き受けてみたら、本当に大変な仕事だなあと感じる一方で、やればやるほど学生がかわいくなってくるものです。

あるとき、講義でこんなことがありました。アルジェリアの石油精製プラントで働いていた日揮《にっき》社員らが、イスラム武装勢力に襲撃され、多くの犠牲者を出す悲惨な事件があったのです。講義に入るとき、「ここは地の果てアルジェリア」という歌詞の「カスバの女」という歌を思い出して、「学生諸君『カスバの女』という曲を知っているかな」と尋ねたら、ものの見事に全員が知らず、言葉に詰まってしまいました。

「カスバの女」は、アルジェリアにいるフランスからの外国人部隊の兵士に恋をした女性の物語を歌にしたものです。アルジェリアがフランスの植民地だった時代、独立派がフランスからの独立運動を行っていました。フランスの外国人部隊は、その独立運動を弾圧するために駐留していたという時代背

「カスバの女」という歌を知っていますか?

景があるのです。

全員がその歌を知らないということに、私は衝撃を受けました。そこで学生たちには、「カラオケに行くことがあったら、ぜひ『カスバの女』をリクエストして歌詞を読んでごらん。アルジェリアの独立戦争という時代背景があって、その歌が理解できるのだよ」と解説することになってしまいました。

あるいは、２００１年の米同時多発テロについて、私たちの世代はニュースとして記憶していますが、20歳前後の今の大学生にとっては幼稚園か小学校に通っていたころの話です。つまり自分たちの人生の中で、リアルタイムで、あれがどんな事件だったのかということを知らないのです。

学生たちの記憶や問題意識を認識しないまま、「アルカイダについて」とか、「首謀者とされるウサマ・ビンラディンについて」とかを語ったとしても、学生たちには何のことなのかピンときません。

まずは、今の学生が「どういうふうに育ってきたのか」「どういう常識を持っているのか、持っていないのか」ということも含めて考えないと、学生たちに教えることはできない。そんなことを痛感しながら、日々、教えています。

さらに今、日本のいろいろな大学が、「理科系と文科系の融合」とか、「理科系と文科系の壁を取り払おう」とか、あるいは「一般教養を改めて学生たちに伝えよう」とかいうことに取り組んでいることも知りました。

日本では、いわゆる「教養教育」というのは、戦前には旧制高校でいろいろ教えられていました。戦後、新制大学になったときに1年、2年がいわゆる一般教養課程となって教養を教え、3年、4年では専門課程に進むかたちになりました。

ところが、私も学生時代に記憶がありますが、一般教養課程の講義の内容が高校の授業の延長にすぎなかったり、あまりにつまらなかったりしてがっかりしたものです。

「オウム真理教事件」を知らない学生たち

1991年、当時の文部省が大学設置基準の大綱化を打ち出しました。大学教育の自由化という流れの一環です。大学が自由にカリキュラムをつくれるようにしよう、文部省があまり口を出すのをやめようということになったのです。

各大学がそれぞれ独自の改革を始めました。その結果、これまで評判が悪かった一般教養課程を解体してしまう大学が相次ぎました。さらには、早くから専門教育を学びたい学生に応えようと、入学直後から専門科目が受けられるようにしていった結果、一般教養課程の科目が激減してしまうといった事態も起きました。

大学がそうした取り組みをしていたときです。理科系出身のエリートといわれる人たちが、「オウム真理教」に絡んでさまざまな事件を引き起こしたのです。

オウム真理教信者の逃亡犯が捕まったときに、講義の中で当時の話を東工大生にしてみたら、学生たちは皆事件のことを知りませんでした。そもそも松本サリン事件とは何か。東工大卒業生の中にも、大学で学んだ知識を使って猛毒のサリンの生成プラントの建設に携わった人がいるのだという話をしたら、学生たちがびっくり仰天するという経験をしました。20年も前のことですから当然なのですが、そのことに初めて気がついたのです。これも私にとっては衝撃でした。

さらに、こんなこともありました。オウム真理教の組織は事件後、名前を変えて、「アレフ」と「ひかりの輪」という2つのグループに分かれて今も活動していることを話した途端、何人かの学生が「あっ」と思い当たる顔をしたのです。「アレフ」や「ひかりの輪」から勧誘を受けている学生がいるのだなということを、その反応を見て初めて知りました。ここでもまた驚きました。

この本を読んでいる読者の中にも、オウム真理教をよく知らない若い世代がいるかもしれませんね。東京で社会人生活や大学生活を始めて、「アレフ」や「ひかりの輪」から勧誘を受ける可能性もあります。そこで、そもそもオウム真理教事件とは何だったのか、少しおさらいをしておきましょう。

オウム真理教という教団は、ヒンドゥー教と仏教を併せたような教義を持っていました。そもそもオウムとは、ヒンドゥー教の「世界を創造する神、維持する神、破壊する神」の頭文字をとった「AUM（オウム）」に由来します。オウム真理教の主神は、ヒンドゥー教の「宇宙を破壊する神」シヴァ神です。

オウム真理教を始めた松本智津夫《ちづお》死刑囚は、麻原彰晃《あさはらしょうこう》を名乗っていました。1984年にヨガ道場「オウムの会」を開き、その後、会の名前を変えて1987年に「オウム真理教」とします。1989年には東京都から宗教法人としての認証も受けていました。

ヒンドゥー教や仏教は「輪廻転生《りんねてんしょう》」を信じています。人々は死んでも、また別の生き物に生まれ変わるという考え方です。オウム真理教は、信者たちがさまざまな修行を積むことで、輪廻の輪から脱出する解脱《げだつ》を得られると教え、出家をして修行を積むことを奨励しました。

出家する際には、現世への未練を断ち切るため、全財産を教団に寄進するように求めました。これが教団の資金源となっていました。やがて信者に出家を強く勧めるようになり、嫌がる信者を無理やり拉致《らち》したり、信者の家族を追い払ったりするトラブルが全国で相次ぐようになります。

そこである事件が起きました。宗教法人としての認証を得ようとしていたときに、修行中の信者が事故死してしまったのです。認証を得られると、宗教活動には課税されないなど教団にとって有利になります。事故が判明した

オウム真理教に関わった人の中には、一流大学や大学院を卒業した、いわゆるエリートと呼ばれる人が多くいました

ら、認証が難しくなると考えた幹部たちは、信者の遺体を勝手に処分してしまいました。

その後、この経緯を知る信者が脱退しようとしたため、「事件が明るみに出る恐れがある」と考えた幹部たちは、この信者を殺害してしまいます。こうしてオウム真理教は犯罪集団へと変化していったのです。

教団の信者が増え、資金が豊富になると、松本死刑囚は政界進出をはかりました。１９９０年の衆院選に信者を多数立候補させたのですが、全員落選。それ以来、社会に対して敵対心を強め、毒ガスなどを生産し、政府を転覆させることまで計画するのです。

その過程で、１９９４年には長野県で

かつて富士山麓にはオウム真理教の教団施設があった（山梨県の旧上九一色村、1995年2月頃撮影）＝共同

松本サリン事件、その翌年には東京都の霞ケ関駅での**地下鉄サリン事件**を引き起こしました。エリートと呼ばれた理科系出身の若者が、大学で学んだ知識を使って猛毒のサリンを製造し、まき散らしました。無実の人々を殺害し、あるいは重症を負わせたのです。被害者は数千人にも及びます。今も後遺症に苦しんでいる人々や、大事な人を失って悲しみに暮れる人々がいるのです。

しかし、松本死刑囚は、裁判の過程でほとんど発言をしませんでした。このため、どうしてこのような犯罪集団が生まれたのか、はっきりしないままなのです。

社会を震撼《しんかん》させたオウム真理教事件を受けて、大学は「**なぜあのようなことに学生たちが引っかかってしまったのか。やっぱり幅広い教養、あるいは常識というものが必要なのではないか**」と反省しました。このあたりから大学教育の見直しの気運が高まってきました。

また実業界からは、「最近入社してきた若者はあまりに常識に欠けている。大学は何をやっているのだ。もう少し教養を身につけさせてほしい」と指摘を受けるようにもなっていました。即戦力となるような新入社員を求めていた実業界も、改めて教養が大事だと指摘するようになってきたのです。

いま改めて「教養教育」が見直されています

教養とは何だろう

ただし、「教養とは何か」という定義は、実は大変難しい問題です。そもそも**リベラルアーツ**［★］とは何かというと、それこそギリシャ・ローマ時代にまで遡《さかのぼ》るものなのです。

古代ギリシャでは、自由人と奴隷というかたちで、はっきり身分が分かれていました。そのうち**自由人たちが教養として身に付けていた**ものがリベラルアーツの発祥になります。ざっくりいえば、**人を自由にする学問**といえるでしょう。

その後、ローマ時代になり、リベラルアーツは7つの科目に整理されました。自由7科といいます。文法、修辞学。修辞学というのは、いろいろな文章、あるいは会話、話すことをどれだけ美しく形容していくかという学問です。それから論理学、算術、幾何《きか》、天文学、そして音楽です。中世ヨーロッパでも受け継がれ、今もヨーロッパ、あるいは米国の大学にその伝統が受け継がれています。

米国の大学は、最初の4年間はリベラルアーツ教育をし、専門は大学院で教えることが多いのです。東工大リベラルアーツセンターの同僚の先生たちと、米国の大学視察に行ったことがあります。たとえば、ハーバード大学では学部はありますが、その学部の専門を学ぶよりは、4年間かけて幅広くさまざまな教養を学びます。

そのうえで、もっと経済や経営のことを学びたければ、その上の大学院にあたるビジネススクールに行けばいい。法律家になりたければロースクールに行く。医者になりたければメディカルスクールに行けばいいよということです。

あるいは**マサチューセッツ工科大学（MIT）**［★］。ここは東工大とほぼ同じころに設立され、東工大はMITを目指している部分があります。東工大の英語名はTokyo Institute of Technologyです。MITのMがTになっているだけ。UniversityでもCollegeでもなくて、あえてInstituteを名乗っているのは、Massachusetts Institute of Technologyを意識しているからです。

ところがMITは理科系ばかりやっているわけではありません。全体のカリキュラムの4分の1は文科系の科目、いわゆる哲学、文学、あるいは音楽を必ず学ばなければならない制度になっています。

MITのキャンパスを歩いてみて、音楽教育が充実しているということを知りました。音楽室があって、ピアノやさまざまな楽器が置いてあり、音楽を学ぶ学生が大勢いるのです。将来は科学者や技術者になるにしても、人間としての教養が必要だということが確固

リベラルアーツ
一般教養科目のこと。通常は人文科学、社会科学、自然科学系を指す。米国やカナダの大学ではこれらの科目を平均的に受講し、広い一般的知識を身に付ける。

マサチューセッツ工科大学（MIT）
1861年に創設された米ケンブリッジにある私立の工科大学。バランスのとれた教育方針をとり、独自のカリキュラムは世界の工科大学のモデルとなっている。

たるものとして受け継がれていると改めて痛感しました。

すぐに役に立つことは、すぐに役に立たなくなる

そこである言葉を思い出しました。かつて慶應義塾の塾長だった小泉信三氏が、「すぐに役に立つことは、すぐに役に立たなくなる」という名言を発したことがあります。これはＭＩＴの教授もおっしゃっていました。

たとえば、ＭＩＴでは最先端の技術、あるいは科学について教えていますが、これだけ日進月歩の時代ですから、４年ほどで陳腐化してしまうというのです。だから常に学び続けなければならない。もちろん最先端のことは教えるけれども、**常に最先端のことを学び続ける力**をＭＩＴにいる間に身につけなければならない。すぐには役に立たないかもしれないが、社会に出たあとでじわじわと役に立ってくること。これがリベラルアーツだという、非常に明快な定義がありました。

その関連でいうと、名古屋大学の小澤正直教授らが、ドイツの理論物理学者であるハイゼンベルクの不確定性原理の誤りを見つけ、新たな理論として「小澤の不等式」を打ち出したことが参考になると思います。

不確定性原理をかみ砕いていうと、素粒子などの動きというのは、位置を確認しようとすると動きがわからなくなり、動きを把握しようとすると位置がわからなくなる

という現象を説明したものです。小澤教授らはこの理論を修正し、位置と動きを同時に測定することを可能にする研究成果をまとめたのです。

小澤教授は量子力学を研究されていて、東工大出身です。彼は在学中、電子工学などの勉強をする傍らで、実は哲学の先生のところに入り浸っていたそうです。新理論「小澤の不等式」を編み出した背景には、哲学が教養としてあったのだと私は思います。量子力学の世界というのは、まさに「この世界はどうなっているのだろうか」「宇宙はどうなっているのだろうか」という、その全体像を非常に小さなところから考えていく学問だからです。

そこでは哲学的な発想が求められているのではないでしょうか。物理学の最先端を

研究する先生たちには、実は仏教哲学や仏教の世界観と物理学的な世界観とは、非常に親和性があるという思いを持っている人が多いのです。

たとえばチベット仏教のダライ・ラマ法王が米国、あるいは日本に来て、宇宙学者や物理学者との対話を繰り返しています。そうして学者の側が仏教哲学の神髄にふれ、自分の学問のアイデアをひらめくというところがあると考えています。

これぞまさに教養なのではないかと、私は思うのです。ギリシャ・ローマ時代に確立された自由7科としてのリベラルアーツは古典的な意味がありますが、現代版としての教養が今求められているのではないかと考えるようになったのです。

「正しいこと」を批判してみる

大学の講義では、国内や海外で取材してきたことを学生たちに伝えながら、一緒に考える工夫をしています。たとえばブータンを取材して帰国した直後のエピソードです。ブータンはご存じの通り小さな国ですが、GDP（国内総生産）に代わるGNH（Gross National Happiness、国民総幸福）というユニークな指標を提唱している国です。

たとえば、「地元の伝統的なお祭りに参加していますか」とか、「毎日、瞑想《めいそう》の時間を取っていますか」とか、あるいは「家族と一緒の時間がどれぐらいありますか」とか、さまざまな指標を基に、お金とは別の「幸福とは何か」について考えているのです。

東工大の学生に、幸福を指標にしようという取り組みがあるのだということを授業で話したあと、試験をしました。「GNHはあくまでもブータンにおける指標である。もしこれを現代の日本に適用した場合、国民総幸福を算出するとすれば、どのような指標が考えられるか、具体的に考えて書きなさい」というものです。みんなずいぶんいろんなことを書いてくれました。

　私にはある期待がありました。「幸福とはきわめて主観的な概念である。一人ひとり幸福というのは違うはずだ。それを客観的な指標として出すことは、そもそもナンセンスで、**設問自体が成り立たない**」。こういう答えを書く学生がいることを楽しみにしていました。

　このような答えには最高点をあげようと

ブータンは王制を廃止し、国王は国民統合の象徴になった。福島県相馬市を訪問し、小学校の児童と写真に納まるジグミ・ケサル・ナムゲル・ワンチュク国王夫妻（2011年11月18日）＝共同

さあ皆さん、幸福とはどのようにはかれるでしょうか？

思っていたのですが、現代の学生たちは非常に真面目です。私の問題設定の枠の中で、ひたすらこんな指標がありますということを延々と書いてくれました。

それでも2人ほど、期待したような解答をしてくれました。「そもそもGNHという主観的な概念を具体的な数字になどできるわけがないが、池上教授はそれを書けと言っているので、仕方がないから書く」という趣旨の答案でした。**私の問題設定に疑問を呈したという点を評価して、2人には高得点をあげました。**

その時、あることに気がついたのです。今の日本の教育システムの中で、いわゆる偏差値エリートだったり、優秀とされたりする学生は、そもそもあらかじめ与えられた問題設定を所与の条件として、正解を出そうとしていることに。問題には必ず答えがある。**問題文をよく読み、出題者が狙っている正しい答えを導き出すという訓練をずっと繰り返してきたのではないだろうか。**

予備校の中には、問題文を読む前に、たとえば4択であれば、そもそも出題者が求めている答えがだいたい推測できる、そういう解答法を積極的に教えている講師がいます。

出題者の意図を忖度《そんたく》し、正しいとされているものを見つけ出す。子どものころからそういう訓練がひたすら行われてきたのではないか。これはある種、日本社会的な空気を読むという姿勢と似ていますね。出題者の考え（空気）を読んで、一番求められている答えを出すというわけです。

これ自体は仕方のない部分もあります。高校までの教科書は、それぞれの学問の分野についての定説について教えているわけですね。社会として正しいと認められているものだけが教えられる。ですから、その設問に対する答えには、必ず正しい答えがあるということになります。

でも、大学にはさまざまな研究者がいます。最先端の学問をしています。そうすると、それぞれの研究者によって一致した学説があるとは限らないのです。

あるいは社会の中では、まだまだ少数派の理論もあります。大学の講義を聞いていて、「それが正しいことなのだ」と思っていると、とんでもないことがいくらでもあります。大学では、その部分も含めて学び取らなければならないのです。

先生はこう言っているけれども、本当なのだろうか。そもそも条件が違うのではないかというふうに疑問を持ち、**そもそも所与の条件が成り立つのかどうかから疑問に思う。**そういう力を身につけていくことが実は大学において求められているのではないかと、最近思うようになりました。

大学では「疑問を持つ力」を求められます

なぜ、現代史なのか

私は大学の講義で現代史を教えています。何百年も前のことに関してはみんなが一致する歴史があるのですが、第2次世界大戦以降といいますと、イデオロギーの対立があったり、さまざまな学説があったりします。**学界で認められている定説や学説というものがなかなかない**のです。

そうなると、現代史を「そもそもこういうものです」というかたちで教えにくくなります。高校の先生方としては、そういう面倒くさいことからはなるべく逃げたいという気持ちもあるでしょう。あるいは、今後どうなるかわからない問題は教えにくいという悩みもあるのかもしれません。

先生方は結果的に、2001年の米同時多発テロのような、歴史ではない事柄をわざわざ教えるものではないと考えてしまう。しかし高校生にとってみれば、すでに歴史の一コマになっている。こうしたギャップを埋められずに、大学に入ってしまっているのではないでしょうか。

そもそも「アルカイダとは何か」という問題は、1979年のソ連のアフガニスタン侵攻にまで遡って考えなければなりません。その結果、現代に生起しているさまざまなできごとがわかってくる。だけど、それを教わっていないから、第2次世界大戦後と現代をつなげて考えることができない。私はそのギャップをつなぐことに取り組んでいるのです。

歴史というのは、過去を振り返ってみると、さまざまなところで起きたできごとが、かたちを変えて、また別の地域、別の国で繰り返されることがあります。そういう歴史のダイナミズム、あるいは人間性のようなものを、そこから学ぶことができるのではないかと思うのです。

ちょっと前の歴史を学ぶことによって、今起きていることが、このあとどのように進むかを推測できる。歴史や現代を学ぶことによって、そういう力を身につけることが大事なのではないかと私は思っています。

私が衝撃を受けた一冊

そのためには、どうしても読書が欠かせません。どれだけの本を読んでいくかが大事なことだと思うのです。

私は1969年に大学に入学した60年代の男です。当時の大学生の間では、知的虚栄心というものがあって、仲間同士で議論する中で、当然読んでいなければいけない本というのがありました。

読書について話していると、「うんうん」と、さも読んだような、知ったかぶりをして頷《うなず》いておきながら、慌てて本屋に行って本を買い、一晩で読んで、翌日には、さも前から読んでいたかのような顔をして、議論に参加することを繰り返していたものです。さすがに現代の大学生たちは、そんなことはしないのかもしれませんね。

私が大学に入ったとき、そこで衝撃的な文章に出合いました。岩波文庫の**ショーペンハウエル**［★］の『読書について』という本です。本好きの私としては、いかに読書が大切かということが書いてあるに違いないと思って読んだのです。すると、こんな一節にあたりました。抜粋してご紹介しましょう。

「読書は、他人にものを考えてもらうことである。本を読む我々は、他人の考えた過程を反復的にたどるにすぎない。習字の練習をする生徒が、先生の鉛筆書きの線をペンでたどるようなものである。だから読書の際には、ものを考える苦労はほとんどない。自分で思索する仕事をやめて読書に移る時、ほっとした気持ちになるのも、そのためである。だが読書にいそしむかぎり、実は我々の頭は他人の思想の運動場にすぎない」

この一節を読んだとき、頭をなぐられたような思いがしました。

ショーペンハウエル
1788年生まれ。ドイツの哲学者。主な著書に『意志と表象としての世界』『知性について』『自殺について』『幸福について』など。1860年没。

読書が大切。本を読むことが教養人の第一歩であると思っていたら、読書は単にほかの人の考えたことをたどるにすぎない。それでは駄目だよということなのです。大変な衝撃でした。

大量の本を読むだけでは駄目だ。**自分の頭で考え、それをどう消化するか。そこまでやって初めて読書というのは意味がある**のだと悟りました。

私たちはいろいろな本を読みます。本を読んで新しいことを知る。新しいことを知れば知るほど、さらにほかのことを知りたくなる。それはつまり、あるものごとを知れば知るほど、自分はいかにそのものについて知らないかということに気がつくのです。

「学び続ける力」を学ぶ

昔からよく、「無知の知」ということをいいます。自分はいかにものを知らないかということを知ること。これが実はとても大事なことではないのか。現代における教養というのは、いろんな情報があふれている中で、自分はいかにものを知らないのかということをまず知ること。それがまさに己を知ることになるのだと思います。

そのうえで、じゃあ、その知らないことをどうやって勉強していこうか、学んでいこうかということを、自分で考えること。これが大切だと考えれば、大学における教養教育というのは、知識を伝達するだけでは駄目なのではないかということにたどりつきます。

さまざまな知識をまず伝達し、今度はその知識を基に自分なりに考えてもらう。自分の頭で考える力をまず身につけてもらう。そのうえで、社会に出てからも、これからずっと学び続けることができる力をつけてもらうこと、これが教養教育ではないだろうか。

学んだことがすぐに役に立たなくなっても、自分で学び続け、ものを考えていく力があれば、ずっと役に立つことになる。これが最近、私がようやく至った結論です。私もまだまだものごとを知らないということを自覚していますので、今後も変わってくるかもしれませんが。

「人間は学び続ける限り、生きている限り、成長し続けることができるのだ」。人生においてそうした確信のようなものを持つことが、大事なのではないでしょうか。

自分で学び続け、ものを考えていく、これが「教養」です

第一章
Lecture.2

悩むことは怖くない

この講演会は東京工業大学の学生が
未来の後輩たちのために企画しました。
大学進学に備えて「学び方」や「生き方」に悩む
中学生や高校生の問題意識は
皆さんにも参考になるはずです。
親子で人生や進路について
考える機会になればと思います。

池上

人生の選択肢は多い方がいい

今日は学ぶことについて不安に思っていること、疑問に思っていることなどについて一緒に考えていきましょう。まず事前にいただいた質問の中から、**「将来の職業を一つだけ決めて目指すよりも、いくつかの選択肢を考えておく方がいいのでしょうか」**という疑問についてです。

私自身は、小学校6年生のときに将来は新聞記者になろうと考えていました。ところが、子どもにはいろいろ夢があるのですね。中学生になると今度は気象庁の予報官になりたいとも思っていました。

でも、不思議なもので、子どものころから思い続けていると、ふと気がつくと同じようなことをやっている場合があるのです。私は大学を出てNHKの記者になったら、気象庁を担当しました。気象庁から中継をしたり、予報官にインタビューをしたり、あるいは天気について解説を行ったりしたのです。新聞記者にはならなかったけれど、今はいくつか新聞連載コラムも書いています。

もちろん子どものころから「こういう仕事をやりたい」と夢に向かって進むことは素晴らしいことですが、実現するのはそう簡単ではありません。小学生が「プロサッカーの選手になりたい」と思っていても、実際になれるのは一握りでしょう。それはプロ野球選手だって同じですね。

でも、夢に向かって一生懸命努力することによって、サッカー選手にはなれなかったけれど、サッカー雑誌の編集者になっていたり、スポーツ用品メーカーで働いていたり、サッカーの選手といつも付き合ったりしている人も大勢いるわけです。

自分にはいろいろな可能性がある。その可能性の中でどれが一番いいのかということを少しずつ考えていく進路選択もあるのではないかと思います。

次は会場からの質問をどうぞ。

生徒A　高校1年生です。大学進学を考えています。いつごろ文科系・理科系の進路を選択すればよいでしょうか。

池上　早い段階から文科系か理科系に進学コース分けをして、「志望校のためにがんばれ」と徹底的に学ばせる受験対策に、私は疑問を感じます。それは生徒のためではなくて、高校が難関校合格という進学実績をつくろうとしているためじゃないかと思えるのです。

一人ひとりのことを考えたら、文科系、理科系のどちらからでもやり直しができたり、あるいは理科系を目指していても、社会科のいろいろな科目を受けられたり、その逆もあってもよいのではないかと思います。

皆さんが早くから進路を分けられてしまう高校に在籍しているのであれば、少しでも受験とは異なる分野のことも意識的に学んでみる工夫をしてはどうでしょう。中学生であれば、選択に柔軟性のあるユニークな進路指導をする高校を探してみてください。学ぶことは偏らない方がよいと思います。

生徒B　高校2年生です。私が通っている学校は、比較的自由に進学に必要な科目とそうではない科目を選

少しずつ自分の可能性を探ってみる、そんな進路選択もあります

択できます。受験に関係なく、関心のある科目はしっかり学んでおいた方がいいということなのですね。

池上 間違いなくそうですね。試験のことだけを考えたら、進路コースに合った科目だけを学べば効率はよいと思うかもしれないけれど、実はそれだけでは力がつかないということもあるのです。

先日、ある大学の文科系学生と話をしていたら、「入試科目で数学を選択していない学生には論理的な物事の考え方ができない傾向がある」という指摘がありました。でも、それは逆も言えるのではないかと思います。数学など理数系科目だけ勉強していたのでは、国語力が身につかず、みんなにわかりやすい説明もできませんね。

わかりやすい解説は何から生まれるのか

生徒C 高校2年生です。池上先生が考える論理的思考力というのは、具体的にはどのようなものなのでしょうか。

池上 体験からお話しすると、話を一つずつ積み重ねていって、「なるほど、だからそうなるんだ」というように論理をきちっと追えるような説明をしていくことだと思います。途中に論理の飛躍があると、話題についていけなくなる人が必ず出てきます。

物事を論理的に説明できる人は、専門的な話であってもとてもわかりやすいと思います。たとえば、ノーベル賞を受賞した日本人が何人もいますね。研究テーマはとても難しいけれど、彼らは中学生や高校生にも、研究の内容や体験について、きちっとわかりやすく説明することができます。

私がテレビの番組で心がけているのは、論理だけではなくて、視聴者の皆さんに図解や絵で見て納得してもらうためにビジュアル面の工夫をすることです。これはある種の感覚の部分でもあるのですが、論理で積み重ねながら図で説明をする、あるいは図解をしたうえでその内容を論理的に説明していくのです。

生徒C　**論理の飛躍というのは、たとえば難しい言葉がたくさんあるからなのですか。**

池上　難しい言葉があるからではありません。テレビなどで、政治や経済に関する番組を見ていて、途中から「この説明はわかりにくいな」と思ったら、それはおそらくあなたの理解力が劣っているのではなくて、説明が論理的ではなかったり、途中で説明を省いてしまったりしているせいだと思います。

生徒D 高校1年生です。読書をしたり、数学の公式を解いたりするのは好きなのですが、社会と英語がすごく苦手です。暗記することが多くなるとダメなのです。これからも自信がありません。どうすればいいのか教えていただきたいと思います。

池上 君は日本語を話しているけれど、どうやって身につけたのかな。日本語を一生懸命覚えようとしていたかな。記憶にはないかもしれないけど、お母さんやお父さんが君を育てながら、いろいろな物を指さして、その単語を教えてくれていたはずです。日々の暮らしの中で自然に覚えてきたのです。

英語も同じこと。「日本語は論理的ではない」と言う人がいるけれど、そもそも論理的ではない言語なんてあり得ないでしょう。

英単語一つにもいろいろな意味があります。一つの意味だけ知っていれば話せるようになるわけではありません。たとえば、「ON」という単語は、日本では「〜の上に」と訳しますが、もともと「〜に接している」という状態のことなのです。日ごろから少しでもいろいろな文章を知るようにして、「こういうときには、こういう言い方をするのか」ということを知っていくことが大事だと思います。

私は大人になってから、「中学校3年間の英語をしっかり身につければ大丈夫」と、ある大変有名な英語学者が説明していたのを思い出しました。半信半疑で中学校3年間の英語教科書を買って読み直してみたら、特に中学校2年生、3年生の英語の教科書には、日常生活で使う文型、表現が見事に入っていました。徹底的に何度も読むことで、英語のリズムや文体を自然に身につけられるようになっていくのです。

取材などで海外に頻繁に行きますが、流暢《りゅうちょう》な英語は話せなくても、伝えたいという気持ちがあれば、意外に何とかなってしまうことがあるものですよ。

日本の基礎学力は世界に通用する

生徒E　中学2年生です。小学校で学んだ英語力があれば、将来、英会話で困らないという話を聞きました。本当でしょうか。

池上　小学校までの英語で大丈夫かと聞かれれば、それは無理だと思います。日本の学校で学ぶ学習のカリキュラムは、文部科学省が決める「学習指導要領」に基づいています。それによると、小学校の英語はあくまでも中学校からの本格的な英語の勉強を前にした導入学習という位置づけです。英語の基礎学力を身につけるには、やはり中学校3年間の学習が必要でしょう。

その関連でお話しすると、経済協力開発機構（OECD）という、主に先進国が加盟している国際機関があります。フランスのパリに本部があります。このほど、24カ国・地域の16歳から65歳までの約16万人を対象に、「読解力」「数的思考力」さらに「ITを活用した問題解決能力」といった社会生活に求められる3つの分野の能力について、国際成人力調査（PIAAC）を初めて実施しました。

2013年10月に公表された結果を見ると、日本は読解力と数的思考力では世界一でしたが、コンピューターに関しては全体の中で平均点並みの10位でした。高齢者の中に「マウスの使い方がわかりません」といって回答しなかった人も大勢いたようです。でも日本はインターネットで情報を探したり、パソコンなど情報機器を操作したりする力は世界トップレベルです。

世界を取材しながら歩いてみるとよくわかりますが、日本はとても治安がよく、社会が安定しています。いろいろな理由があると思いますが、その一つは基本的に読み書きができたり、計算ができたりする能力を持った人々が非常に多いからではないかと考えています。このことは学び続けるだけでなく、大人になって働いていくうえでも重要な基礎学力になるからです。日本は先進国の中で失業率が低く、雇用の安定が社会の安定につながっていると思うのです。

国際成人力調査によれば、日本の中学卒業生の学力は、米国やドイツの高校卒業生の学力とほぼ等しいという結果も出ました。それだけ日本の中学、高校ではきちんとした学習を積み重ねているのです。まず中学校までの勉強をしっかりやることが、世界で通用する近道だと考えてもいいと思います。

生徒F　**中学2年生です。小中学校では先生が一方的に授業して、生徒は先生の板書をひたすらノートにとって覚えます。でも、自ら学んでいくという点では、それではいけないのではないかと思いますがどうですか。**

池上　中学生でそこまで問題意識を持っているのですね。驚きです。そもそも国語力がなければ何にも読めませんね。あるいは簡単な計算もできなければ、その先の算数の考え方を学ぶことはできないよね。小学校での学習ではまず「知識の伝達」が大事なのです。日本では一部の私立学校などを除けば、中学校でも「知識の伝達」を基にした学び方が中心だと思います。高校あたりから自分で考える取り組みに力を入れている学校もあると思いますが、自ら学ぶ姿勢を身につけるのは大学生になってからでしょう。

あなたにそれだけの問題意識があるならば、ノートをとって覚えながらも、自分の頭で考えることを忘れないことです。

生徒G　**高校3年生です。自分の個性を伸ばしたり、いろいろな考え方を身につけたりするにはどうすればいいですか。**

池上　今の学校教育は「個性重視」といわれます。でも、先生が1クラス30人や40人の生徒を相手にそれぞれの個性を見いだすというのは、実際には至難の業《わざ》でしょう。基本的には、まず教えなければいけないことを一律に教える。生徒はそれを受け止めながら、「人と違う発想や考え方をするにはどうしたらいいのだろうか」ということを考えていく必要があるのではないでしょうか。

たとえば、現代国語や小論文の授業で先生の話を聞いて、「なるほど、一般的にはそう考えるのか。きっとみんながそう思うだろう。でも、自分はもう少し違った考え方ができるのではないか」と、自分な

まずは中学校までの勉強をしっかりやる、これが世界に通用する近道です

りに努力してみることが大事なのではないかと思います。
そうした姿勢がきっかけになって、少しずつほかの人とは違う個性というものが生まれてくるのではないでしょうか。そこから進む道が変わってくるはずです。

リーダーとはどのような人のこと?

生徒H　高校3年生です。母が手術をしたときの体験からお聞きします。手術を担当した医師は有名大学の医学部をトップレベルで出て、有名な人だと聞いていたのに、患者や家族に対する態度を見ていて人間性に疑問を感じました。それと、リーダーとはいったいどのような人のことをいうのでしょうか。

池上　なるほど。今の質問を聞いていて思い出したことがあります。高校生のときにすごく成績がいいと、本人は理学部に行きたいと思っていても、「君のこの成績なら医学部に受かるから、医学部を受けなさい」と進路指導をする場合があるということです。これは本末転倒だよね。たとえば東京大学理科3類に合格すると「日本で一番頭がいい」という世間からの勲章をもらえるから、医師を志望するような人がいるわけです。

すると何が起きるかというと、成績はいいかもしれないけど、患者さんの気持ちなどまったくわからない、あるいは健康に不安を持つ弱い人の立場がまったくわからない医師が生まれてくる可能性が高くなるのです。

かつて日本がバブルで景気がよかったころ、年収が高いことで有名なある外資系証券会社の会社説明会に、医学部の学生が大挙して出席したことがあります。私はそれを聞いたときに驚きました。医学を志して人の命を助け、弱い人の力になるということには関心がなく、「学力の高さ」を示したくて医学部に

バブル景気時代、医学部には高年収を目当てに就活する学生もいました

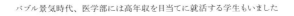

入学していたような人にとっては、その学力を利用して金もうけをする道を選ぶことも当然だったのかもしれませんね。

もう一つ、リーダーの条件とは何だろう。難しいテーマだね。たとえば「あれやれ、これやれ」と偉そうに命令するだけの人に、部下がついてくるのでしょうか。それはたぶん無理だと思います。

リーダーというのは人々を動かす力を持った人、人を動かして世の中をよくしていこうという崇高な理想を持っている人ではないでしょうか。そのためには自分が真っ先に泥をかぶり、先頭を切って難しい問題に飛び込んでいくことができる人のことをいうのではないかと思います。

そこで初めて周囲の人々が「こいつは人間的に信頼できるのではないか」となって、あとからついてくる。そもそもリーダーとはそういうものだと思います。

生徒Ｉ　高校2年生です。将来の明確な目標を持つことが大事だということがわかりました。何をやりたいのか考えて大学など進路を決めなさいと言われますが、実際に何がやりたいのかがわかりません。どうしたらよいでしょうか。

池上　同じように悩んでいる人はたくさんいるでしょうね。私は大学で経済学部を選びました。経済学というのは、決して金もうけのための学問ではありません。世の中にいろいろな矛盾があったり、富が偏っていたりしているのではないかという疑問があったからです。身近な経験を通じて「どうすれば世の中が少しでもよくなるのだろうか」と考え続けていたのです。

将来の進路を考えていく基本は、いずれ社会に出て、どんな生き方をしたいのか考えることではないかと思います。でも、人間は社会的な動物といわれるように、決して一人では生きていけません。自分が働くことで社会の誰かの役に立っているという自覚を持てれば、それが生きがいにつながっていくはずです。大学にいる間にそのことを決められるような、いろいろな可能性を探ってみたらどうでしょう。

事実を知っても、真実にはたどりつけない

生徒J　私は自己分析が苦手です。自己分析とは、たぶん一つの事象を多面的に見ることができることではないかと思います。池上先生はニュース解説番組などで一つの出来事をいろいろな方向からわかりやすく説明してくれますが、多面的に見るためのポイントを教えていただけな

将来の進路に悩んだときは、
「どんな生き方をしたいのか」考えてみましょう

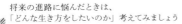

いでしょうか。

池上　あなたは「自分は自己分析が苦手です」と言っているけど、すでにそんなふうに自己分析できているじゃないですか。大丈夫ですよ。自己分析ができない人は、そもそもそんなことを考えたりしないものです。

私は「これはそもそもこういう話です」と視聴者の皆さんに説明していますが、一方で「それは本当か？」という疑問を常に抱いています。それは私自身が事実への畏《おそ》れ、あるいは真実への畏れのようなものを常に抱いているからです。事実をたくさん並べて説明したからといっても、真実にはたどりつけないのではないか、全体像がつかめていないのではないかという畏れがあるからこそ、勉強し続けるのです。

この辺でまとめの話をしたいと思います。今日は中学生、高校生がレベルの高い問題意識を持って、議論に参加してくれたと思います。

そもそもこの講演会は、東工大の学生諸君が、皆さんと同じ世代のころに、「将来を相談できる場があったら」という悩みを持っていたことを思い出して企画してくれました。実際に皆さんと対話をしてみて、多くの中高生の皆さんが、「今学んでいることが、将来いったい何の役に立つのだろうか」と悩んでいることがわかりました。

そこで、学び続けることが思いもよらないところで役立つという事例をご紹介しましょう。

亡くなった米アップル創業者のスティーブ・ジョブズ氏は、人々の心をつかむこれまでにないユニークな商品を生み出しましたね。スマートフォンの「ｉＰｈｏｎｅ」やタブレット（多機能情報）端末の「ｉＰａｄ」が有名ですが、パソコンの「ｉＭａｃ」や携帯音楽プレーヤーの「ｉＰｏｄ」も人気商品でした。

これらの商品に共通しているの

米アップルの創業者、故スティーブ・ジョブズ氏は大学生の頃に字体を美しく表現する装飾技法を学んでいた＝AP／アフロ

は、新しい機能はもちろんですが、デザイン的にも非常に洗練されていることです。ジョブズ氏は大学時代、「カリグラフィー」と呼ばれる字体を美しく表現する装飾技法を学んでいたのです。日本では書道に通じる分野かもしれません。

将来、何かに役立つから学ぶのではなくて、面白い、興味があるから学んでいたのだそうです。その経験で培われた美的センスが、やがてアップルのさまざまな商品をつくるときに大いに役立ったと本人が述懐しています。

これからの皆さんの長い人生の中で役に立つことは何だろう。中学生、高校生の皆さんには、ぜひそういうものをつかんでほしいと思います。受験についても、「受験勉強は目先のこと。でも受験勉強によって学んだことが将来にわたって役に立つこともある」と考えてもらえたらと思います。

いま学んでいることは、長い人生の中でじわじわと役に立ってくるのです

第二章

戦後日本の歩みを学ぶ5つのテーマ

第二章 Lecture.3

豊かさとは何だろう

1964年10月10日、東京五輪開会式。国立競技場にて。航空自衛隊のブルーインパルスが五輪マークを空に描いた＝AP／アフロ

半世紀ほど前、澄み渡る青空の下で
東京五輪が始まったことを知っていますか。
当時、私は中学生でした。
五輪は日本が貧しい戦後復興期を経て、
高度経済成長期という豊かな時代を迎えた
象徴でもありました。日本はその後、石油危機や円高、
バブル崩壊を経て、少子高齢化に直面しています。
いま再生に向けて経済政策「アベノミクス」の
成果が問われています。再び東京五輪を迎える日、
日本はあの輝きを取り戻しているでしょうか。
最初の講義では、日本現代史のキーワード
「経済成長」について考えてみましょう。

この回では「アベノミクス」の狙いを整理しながら、日本経済の歩みを振り返ります。日本は世界2位の経済大国を実現し、豊かさを手にしたはずなのに、公害やバブルといった負の遺産も生んでいました。経済成長には光と影があるのです。

1000兆円の大台を超えた日本の「借金」

2012年末に発足した安倍晋三政権。首相として再登板したあと、日経平均株価は2015年、約15年ぶりに2万円台を回復するなど、大きく上昇しました。円安・ドル高が進んだことで、輸出によって黒字を稼ぐ代表的な輸出産業である自動車や電機が息を吹き返しました。春の労使交渉では、大手企業を中心に2年連続で大幅な賃

アベノミクスの評価はこれから（日経平均株価、月初の終値）

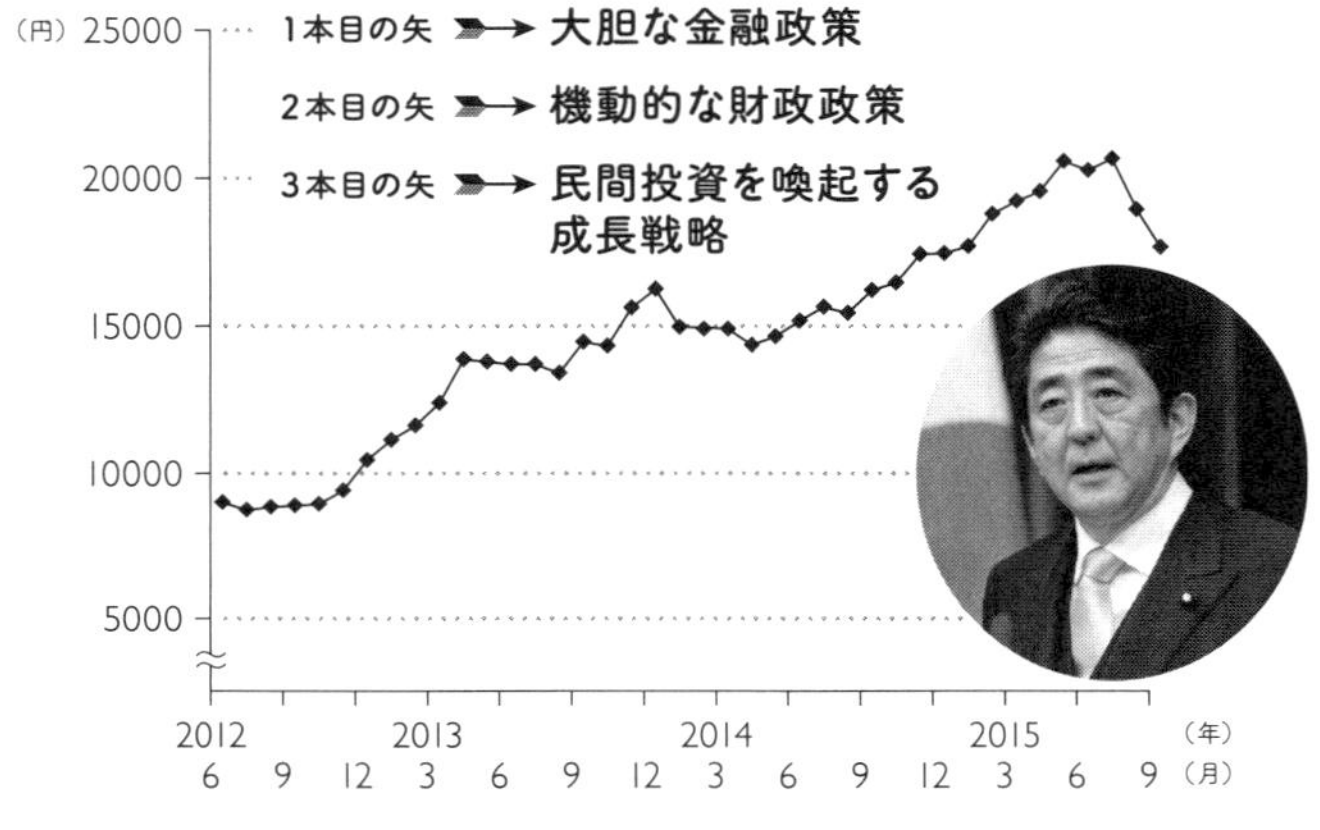

上げが実現しました。

こうした変化は、安倍首相が掲げる経済政策**アベノミクス**［★］がそれなりの成果をあげているためだとみられています。アベノミクスは3本の矢で成り立っていて、これまで「大胆な金融政策」と「機動的な財政政策」という2本の矢を打ちました。

そしてアベノミクスは新たな段階を迎えています。3本目の矢となる「民間投資を喚起する成長戦略」が問われているのです。日本経済が持続的な成長軌道に乗るには、企業の事業拡大を促す「成長戦略」を実行に移し、今後も働く人々の「賃上げ」を実現できるかどうかにかかっています。

安倍首相はさらに、「アベノミクスは第2ステージに移る」と宣言。2020年に向けて成長の新たなエンジンとなる「3本の矢」として、「希望を生み出す強い経済」「夢を紡ぐ子育て支援」「安心につながる社会保障」を掲げました。

しかも、国会は衆院選に続いて参院選でも自民党が圧勝し、衆参両院でそれぞれ第一党が異なるいわゆる「ねじれ国会」が解消されました。連立与党が日本経済の「好循環」を実現するための政策を

アベノミクス
2012年12月に誕生した安倍晋三内閣の経済政策。長期デフレから脱却し、経済成長につなげようとする計画。

決め、実行していく環境は整っています。

ところが、この間に見逃せない数字が公表されました。国債や借入金、政府短期証券などを合わせたいわゆる国の「借金」が、2013年6月末時点で初めて1000兆円の大台を超えたのです。その後も1000兆円という水準が続いています。

この数字がどれぐらい大きいのかというと、単純に表現すると、日本が1年間に稼ぎ出す**国内総生産**（GDP）［★］のおよそ2倍の規模に相当します。これだけの比率の借金を抱えている先進国は、ほかにありません。

こうした事情があって、財政基盤を立て直すために2014年4月から消費税率が

〈column〉

五輪開会式は青空だった

東京五輪の開幕式を迎えた1964年10月10日、抜けるような青空に自衛隊機がシンボルマークの5つの輪を空に描きました。つい「東京は空気がきれいだった」と思い込みがちですが、そんなことはありません。当時、東京の空はスモッグに覆われていました。実は前日の9日に大雨が降りスモッグが洗い流されたのです。

5％から8％に引き上げられました。財政状況の悪化は、バブル崩壊後の経済情勢が悪化し、景気テコ入れ策として、大がかりな財政出動が繰り返されてきたこと。そして、その後、高齢化社会の到来によって社会保障費が増大していることに伴うものです。

少し時代を遡りますが、消費税は1989年、自民党の竹下登《のぼる》政権の下で税率3％が初めて導入されました。バブル崩壊を経て、1997年の橋本龍太郎政権のときに5％へと引き上げられました。

欧州など先進諸国を見ると、税率20％前後の水準は当たり前。25％の国もあります。財政状態の厳しさを考えると、日本で8％の次に、2017年4月に引き上げが延期された10％という水準は、通過点にすぎないのかもしれません。

アベノミクスは〝劇薬〟

アベノミクスで注意深く見ていきたい政策があります。日本銀行は消費者物価指数の上昇率の目標を前年比2％になるよう金融緩和を続ける、**インフレターゲット**［★］政策を打ち出しています。わかりやすく言うと、安倍政権は人々の心理に積極的に働きかけてムー

国内総生産（GDP）
一定期間に国内で生産されたモノ・サービスの付加価値の合計額。国内の経済活動を測る指標であり、国内で活動する企業などによって生み出される。

インフレターゲット
中央銀行が一定の物価上昇率の目標（インフレ目標）を数値で示し、その達成を優先する金融政策。

ドを盛り上げ、インフレ期待を持ってもらおうと苦心しているのです。みんなが物価が上がると考えて買い物をするようになれば、物価がまた上がっていくだろうという考え方です。

一方で、世界的な需要拡大や円安に伴う食料などの輸入品の値上がりによって、じわじわと商品の物価が上がり始めました。消費増税に伴う、個人消費への影響も見逃せません。庶民の暮らしにアベノミクスがどんな影響をもたらすか、注意深く見極めていく必要があります。

これまで世界各国が取り組んできたインフレターゲット政策は、インフレになって経済が大混乱している状態を抑え込んで、インフレ率を2%や3%に下げようと目指してきたものでした。安倍政権の政策はこの逆です。世界的には、厳しいインフレを抑え込んだ実績はあっても、デフレを止めてインフレにしようという試みは

前例がありません。この政策は、本当に大実験なのです。

「デフレを解消して緩やかなインフレーションにしましょう」という政策を**リフレ**（reflation）［★］といいます。「大胆な金融政策をすると景気がよくなる」と主張している人たちをリフレ派といいます。それに対して、「いや、弊害ばかり起きて、そんなに経済はよくならない」と反対している反リフレ派もいます。

リフレ派と反リフレ派は経済論争を繰り広げてきましたが、数年内に結論は出るでしょう。リフレ派が正しかったことになれば、そ

リフレ政策
主に中央銀行による積極的な金融緩和を通じて景気の回復をはかり、緩やかなインフレ（物価上昇）を生み出すことを目指す。

〈column〉

物価は上がるもの？

1970年前後、私が学生時代を過ごし、就職して社会人になったころは、「物価は上がるもの」という意識が当たり前の時代でした。いわゆる「インフレ期待」というものです。

これに対して、現代の若い人たちは物心ついたころから日本経済が長いデフレに陥っていました。若い人たちの意識の中には、「モノの値段は変わらない」あるいは「下がるものだ」という意識が、自然と刷り込まれてしまったのではないでしょうか。これがまさにデフレーションという現象です。

れはおそらく多くの日本人にとって幸せなことになります。リフレ派のやり方は間違いだったということになると、日本経済は取り返しがつかないことになっているかもしれません。

私はアベノミクスを劇薬にたとえています。ごく少量をうまく使うと特効薬になる可能性がありますが、使い方を誤ると日本経済は死んでしまう可能性があるということです。経済政策の恐ろしさを教えてくれたのが、「バブル景気」でした。

はじけてわかるバブルの異常さ

日本に**バブル景気**［★］というものがあったことは知っていますか。バブルの時期はいろいろな定義がありますが、景気を判定する主要な経済指標で考えると、だいたい1986年12月から1991年2月までのおよそ4年間です。学生の皆さんの多くは、まだ生まれていませんでしたね。

そもそもバブルとは何でしょう。「バブルとは、実体価格を超えた資産価格の上昇に伴う過熱景気」と、私なりの定義をしておきましょう。実体価格とは、本来の価格という意味ですが、これは判断

バブル景気
資産の価格が投機によって実体経済とは大幅にかけ離れて上昇、泡のように膨張する経済状況。

するのが難しいのですね。

当時の異常な地価高騰を示すエピソードがあります。東京23区の地価の総額が米国全土の地価に匹敵するようになり、「東京23区を売れば米国が買える」とまで言われたのです。これこそ、実体価格を超えた資産価格の上昇でしょう。

今では想像もつかない水準かもしれませんが、1989年12月末の日経平均株価は、3万8915円という史上最高値をつけました。当時、株式評論家が「来年には株価5万円も夢ではない」という発言すらしていました。

日本でなぜバブルが起きたのか。なぜ止めることができなかったのか。少しおさらいをしておきましょう。

きっかけは先進国間でドル高是正を目

東京・芝浦のディスコ「ジュリアナ東京」（1993年6月撮影）。バブルの象徴として語り継がれているが、実際のオープンはバブルがはじけたあとだった

〈column〉

バブル期に起きた株の投資ブーム

日本電信電話公社（電々公社）が1985年に民営化され、NTTとなりました。2年後には株式が東京証券取引所の一部に上場され、上場翌日には160万円という初値がつきました。2カ月後には318万円になりました。まさにぬれ手で粟《あわ》という言葉がぴったりです。人間とは不思議なものですね。318万円まで上がったことを知ると、およそ200万円で売った人は損をしたという気持ちになったのです。

指した**プラザ合意**［★］です。1985年9月、米ニューヨークにある高級ホテル「プラザホテル」が舞台になりました。米国、英国、フランス、西ドイツ（当時）、そして日本の先進5カ国の大蔵大臣と中央銀行総裁が密かに集まり、「巨額の貿易赤字を抱えた米国経済を立て直すために、ドル安を実現しよう」ということで合意したものです。

日本の円だけでなく、西ドイツのマルクもドルに対する水準を高くして、米国の貿易赤字を減らそうと考えました。一方、米国は金

プラザ合意　1985年9月にニューヨークで開かれた5カ国蔵相会議（G5）におけるドル高是正のための合意。

利を下げました。米国のドルを日本の円やドイツのマルクに交換しておいた方が、利益が上がりやすい構造をつくり、世界の投資家を誘導したのです。

この結果、急激にドルが安くなり、1985年9月に1ドル240円だったものが、1986年1月には200円を突破しました。国際的な為替政策の見直しによって日本の輸出が振るわなくなり、自動車や電機など代表的な輸出産業が急激な不況に見舞われました。

国内で円高対策を打たざるを得なくなり、日銀は民間銀行に資金を貸し出す金利水準の目安となる**公定《こうてい》歩《ぶ》合《あい》**「★」を、最終的に5回も引き下げました。これによって、企業は銀行からお金を借りやすくなり、日本経済は一息つきました。

1985年9月22日、ニューヨークで開かれた緊急5カ国蔵相・中央銀行総裁会議、いわゆる「プラザ合意」でドル高是正が確認された（一番右は竹下登蔵相）＝AP／アフロ

ところが、低い金利でお金が借りられるようになって土地の売買が活発化し、土地の値段が急速に上がり始めました。1985年に国土庁（現・国土交通省）が首都改造計画を発表したことも、土地取引を過熱させる要因になりました。

売買を繰り返して利益をあげる、いわゆる「財テク」です。財産を殖やすテクノロジー（技術）という意味です。当時、「財テクをやらない経営者は失格だ」と言い放つ経済評論家すらいました。

しかも急速に円高になって輸入品が安くなり、高嶺《たかね》の花だった海外の有名ブランド品が手ごろな値段で買えるようになりました。空前の「消費ブーム」へと拡大していったのです。

ところがあまりの地価高騰に伴って、サラリーマンの間で「マイホームが持てない」という不満が続出するようになりました。日銀も、「景気が過熱しすぎた。少し冷まさなければいけない。公定歩合を上げよう」と考え始めていました。

そんな矢先、日銀の判断に水をさす事件が起きました。1987年10月、ニューヨークの株式市場が大暴落したのです。月曜日だったことから**ブラック・マンデー**［★］と呼ばれました。

公定歩合
日本銀行が民間の金融機関に貸し出す際の基準金利。金利が規制されていた時代には、金融政策の基本姿勢を表す代表的な金利だった。現在は使われていない。

ブラック・マンデー
1987年10月19日の月曜日に、米ニューヨーク株式市場で起きた株価の大暴落。前日に比べ、下落率は2割超に達した。

日本や西ドイツが景気対策のために金利を引き上げると、米国内の資金が高金利を求めて流出し株価が下がるだろうと、世界の多くの投資家が考えて株を売った結果、本当に株価が下がったのです。

米国は、これ以上株価が下がると経済に悪い影響があるから、何とか金利引き上げを待ってくれと日本と西ドイツに働きかけました。しかし、そんなことはおかまいなしの西ドイツの連邦銀行（中央銀行）は金利を引き上げ、バブルを防ぐことができました。

一方、日本は公定歩合引き上げを見送りました。結局、引き上げたのは、1989年の5月です。その後、1年3カ月の間に公定歩合を5回引き上げました。この判断の遅れが、結果的にバブルを膨らませたのです。

大蔵省（現・財務省）は、バブルつぶしのために2つの対策を打ちました。一つは1990年から始めた「総量規制」です。銀行に対し不動産購入の資金はなるべく貸さないように指導するという規制です。1992年からは「地価税」を導入しました。金もうけのために土地を買っていた企業、投資家の動きを抑えるために新たな税金をかけるようにしたのです。

これにより、土地は売れなくなり価格は下落に転じます。しかし地価は上がり続けるという「土地神話」に縛られていた銀行は、その後も「しばらく

まさに「バブル景気」が経済政策の恐ろしさを教えてくれます

すれば値段はまた上がる」と信じていたのです。これが、土地を担保にお金を貸し出していた銀行が、とてつもない**不良債権**［★］を抱えることになった大きな要因と考えられます。

株式や土地の異常な取引が繰り返された結果、1997年に三洋証券、北海道拓殖銀行（のちに北洋銀行へ営業譲渡）、そして山一證券が相次ぎ破綻《はたん》。仙台に本店があった徳陽シティ銀行という地方銀行も破綻しました。

30年に一度、バブルは繰り返す

この後、国は金融機関に公的資金を投入し、金融システムの立て直しに取り組みました。バブルが生まれ、はじけ、そこから「失われた20年」と呼ばれる長い不況が始まりました。デフレに陥り、物価が下がり続けました。

恐ろしいのは、バブルは繰り返されるということです。過去にはさまざまなバブルが起きています。歴史上有名なものが、オランダのチューリップの球根をめぐる取引で生まれたバブルです。最近では2008年のリーマン・ショックの原因となった米国の住宅バブ

不良債権
金融機関などが持っている貸出債権のうち、元本返済や利息の支払いが滞っている債権。回収不能、またはその懸念がある債権などを指す。

ルが代表例でしょう。

大きいものも小さいものもありますが、だいたい平均すると30年に一度バブルが起きています。バブルがはじけ、痛手を負った人たちは、二度とバブルが起きないようにと考えます。バブルで痛い目に遭っていない次の世代の人たちが経済の中心になったとき、また、バブルが生まれやすくなるのです。バブル景気のころはよかったという話ばかり聞かされているから仕方ありません。

やはり歴史から学ぶことが大事です。「愚者は経験に学び、賢者は歴史に学ぶ」という有名な言葉があります。今のアベノミクスはまずミニバブルを引き起こしました。これをうまく使って、経済を発展させることができるのか。しかし、バ

異常な流れに抵抗できなくなる、これがバブル景気の怖さです

ブルが始まってしまうと、その流れに抵抗するのはとても難しいものであることも、覚えておく必要があります。

所得倍増計画で、給料は本当に2倍になった

日本が高度経済成長期を迎えたのは、１９６０年代から１９７０年代初めぐらいでしょうか。安倍政権がおそらく参考にしていると思われる高度経済成長期の経済政策があります。１９６０年に日米安全保障条約の改定に伴って日本中が揺れた「60年安保」のあと、安倍首相の祖父にあたる岸信介《のぶすけ》首相が退陣し、大蔵省出身の池田勇人《はやと》首

〈column〉

会社のお荷物？

バブル景気のころの就職活動では、学生一人が十数社から内定をもらうことも珍しくありませんでした。企業側も人材確保に焦って大量採用していた時代でした。ところがその後の景気情勢の悪化もあって、予想していたほどは辞めませんでした。必ずしも優秀な社員ばかりではなく、やがて「会社のお荷物」という陰口を込めて「バブル入社組」などと呼ばれています。しかし、採用したのは会社の都合であって、決して彼らが悪いわけではありません。

相が登場したときです。

池田首相は当初「月給2倍論」を考え、「社会的なインフラを整備していけば、十分発展する可能性がある。これから皆さんの給料を2倍にします」と言い出しました。ところが首相のブレーンから待ったがかかりました。「月給をもらうのはサラリーマンでしょう。自営業者や農業の人たちは月給をもらうわけではないから、国民の広い支持を得られませんよ」と助言したのです。

「その通りだ」ということになり、給料を所得に言い換え、有名な**所得倍増計画**［★］という経済政策が打ち出されたのです。その背景には、首相ブレーンたちの日本経済の将来に対する綿密な分析と予測がありました。当時は、日本人が政府の政策を信じることができる幸せな時代でもあったのです。

池田首相は東京五輪開催後、病のために志半ばで退陣せざるを得ませんでしたが、その後も「所得倍増計画」は推進され、公約以上の成長を日本人はつかむことになりました。やがて世界第2位の経済大国の地位を築くことができたのです。

「所得倍増計画」は、働く人々に大きな影響を及ぼしました。労働

所得倍増計画
1960年に池田勇人内閣が打ち出した長期経済計画。大蔵大臣に田中角栄を起用し、10年間での所得倍増を目指して、7年目に達成された。

組合が「10年で給料を倍にしてほしい」と会社に主張し、賃上げを求めるようになったのです。春に賃金について労働組合と会社が交渉をする「春闘」が舞台となりました。

春闘では、経済が成長し、物価が上がることをふまえ、前年よりも基本給を上げる議論が繰り返されました。給料の賃金表を書き換えて、賃金水準のベースを上げる「ベースアップ」も交渉の対象でした。

たとえば月額2万円の初任給を翌年に2万2000円に上げ、さらにその翌年に2万4000円に上げたとしましょう。基準となる初任給が上がれば、それ以外の社員の賃金の水準も上がっていくわけです。さらに係長、課長そして部長になると、役職に応じて給料が上がっていく仕組みもありました。

高度経済成長期は、いわゆる右肩上がりの時代でした。結婚して子どもを育てたり、住宅ローンを借りてマイホームを建てたりといった人生設計を描けた時代だったのです。会社も**終身雇用**[★]という働き方や、**年功序列**[★]という賃金体系を重視していました。社員は定年まで同じ会社で働き、同期社員はみんなある程度のところ

終身雇用
ある企業で正社員として採用されたあと、定年までその企業で勤め上げる働き方。

年功序列
年齢や勤続年数によって、従業員の賃金を決める仕組み。終身雇用、労働組合とともに、日本型企業経営の「三種の神器」とされてきた。

までは一斉に昇進していくことができました。

日本人は自分自身の将来を考え、目標に向かって一生懸命働き続けることができたのですね。映画のワンシーンで見たことがあるかもしれませんが、当時の人々にとって1958年に完成した「東京タワー」は観光名所としてだけでなく、高度経済成長のシンボルのような存在でした。

〈column〉

所得倍増計画はどうなった

当時とは貨幣価値や経済状況が異なるので、現在と単純には比較できませんが、内閣府の分析数値（1990年価格で算出）などを調べると、実質国内総生産（GDP）は1970年代に200兆円を上回り、GDPの規模は2倍を超えました。国民所得は経済成長にほぼ比例すると考えられるので、公約は達成されたといえるでしょう。

1960～2000年の実質GDP
（≒国民所得）

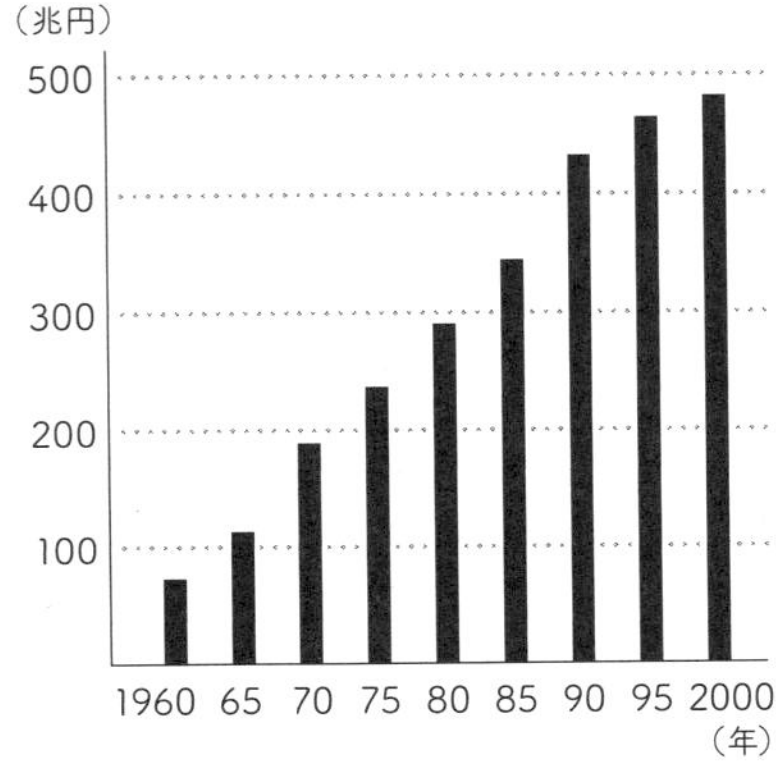

高度経済成長の大きすぎた代償

しかし、高度経済成長のひずみとして日本人が大きな犠牲を払ってきた問題があります。それが公害問題です。今も終わったわけではありません。２０１３年10月には、公害の原点とされる水俣病を教訓に、水銀による健康被害や環境汚染を防ぐための**水**

なったのです。

水銀に関する水俣条約［★］が採択されました。ミナマタが国際条約に

国連環境計画（UNEP）が進める国際会議が熊本県で開かれ、約140カ国・地域が参加しました。「水銀に関する水俣条約」はこの会議で採択されました。条約の骨子は、水銀を採掘する新規鉱山の開発を認めず、既存鉱山からの採掘も条約発効後15年以内に禁止。水銀が一定量使われている蛍光管、血圧計など製品の製造・輸出入も2020年以降、原則禁止にするというものです（一部を除く）。

今後、条約の批准手続きが進められ、50カ国に達した段階で、90日後に条約は発効します。UNEPは採択から3年程度での発効を目指しており、2016年ごろになる見通しです。**水俣病**［★］が1956年に公式確認されてから約60年がたち、世界は大きな一歩を踏み出したといえるでしょう。

その背景には、水俣病と同じように水銀を含んだ廃水などによる公害問題が、世界各地で繰り返されている現実があります。アフリカ、東南アジア、中国、ブラジルなど急速に経済発展を遂げる国や地域ばかりです。危機感を強める世界は、日本が経験した悲劇から

水銀に関する水俣条約
人の健康と環境を守るため、水銀の使用や輸出入を包括的に規制する条約。

水俣病
1956年に公式発見、68年に公害病認定。チッソ水俣工場が熊本県と鹿児島県にまたがる不知火海に流したメチル水銀で魚介類が汚染され、それを食べた人に表れた中毒症状。

学び、事態打開に向けて共同歩調をとろうという狙いがあるのです。

実現には課題があります。というのも、時間はかかりましたが、日本ではマスコミが報道し、世論が盛り上がり、あるいは住民が裁判に訴えることによって解決していくというステップを踏むことができました。しかし、政治体制や裁判制度の違いから、必ずしも同じようには進まない国もあるのです。

日本の場合はどうだったのか、水俣病の歴史をたどってみましょう。

2009年に**水俣病被害者救済法**［★］という患者救済のための法律ができ、2012年7月には患者として認めてほしい人に対する申請手続きが締め切られました。新たに約6万5000人が申請しました（熊本県、鹿児島県、新潟県）。

水俣市では、新日本窒素肥料（現チッソ）が窒素肥料をつくっていました。会社は現在もあります。患者が見つかったとされるのは1956年です。同社付属病院に5歳の少女が診察に訪れ、手足がしびれ、意識がもうろうとする症状を訴えました。その子の家のすぐ近くにも、似たような症状の患者がいることがわかりました。

そこで付属病院の病院長が、水俣保健所に原因不明の中枢神経疾

水俣病被害者救済法
最高裁が幅広い救済を認めたことを契機に2009年成立。水俣病と認定された被害者に一時金210万円や医療費などが支給される。

患の患者が多発していると届け出ました。こうして水俣市に対策委員会が発足しました。

対策委員会は熊本大学医学部に調査を依頼し、原因究明が始まりました。その結果、1959年に「有機水銀」が原因であるという説を発表しました。有機水銀が体内で血流によって脳に運ばれ、神経細胞を壊していくというメカニズムでした。これに対しチッソは、「工場で使用しているのは無機水銀であり、有機水銀ではない」と反論したのです。

あとでわかったことですが、当時チッソが製造していた塩化ビニールの加工に用いる可塑剤《かそざい》の原料となるオクタノールの生産工程で、触媒と

1970年11月28日、大阪厚生年金会館で開かれたチッソの株主総会の壇上で、江頭豊社長(右)に涙ながらに訴える水俣病患者ら。今も、多くの被害者が病状に苦しんでいる

水俣病は今なお、多くの人たちに影響を及ぼしています

して無機水銀（硫酸第二水銀）が使われていました。その反応の過程で有機水銀（メチル水銀）が発生しており、これが廃水となって水俣湾に流れ込んだのです。水俣湾の魚を食べた人たちだけでなく、母親を通じて胎児にも取り返しのつかない被害が広がっていました。

熊本大学医学部はチッソを疑いました。ところがチッソは調査の協力要請を拒否しました。熊本県も水俣市も、チッソが調査に応じるように積極的に働きかけませんでした。その間に、チッソは水俣湾に流していた鉄分の多い茶色の廃水を、工場内の貯水槽に沈殿させ、その上澄みを水俣川に流し始め

〈column〉

患者は差別に苦しんだ

水俣病患者が発見された当初は、「奇病」という扱いでした。地元紙にも「水俣に子どもの奇病　猫にも同じ症状」という内容の見出しが躍りました。どうも患者は漁業に従事している家の人たちばかりだということがわかり、遺伝病ではないか、あるいは地域特有の伝染病ではないかと、科学的な分析に基づかない「奇病」という風評が広がっていきました。被害者はいわれのない差別にも苦しんだのです。

地元経済との関係もあり、公害問題は解決に時間がかかります

たのです。１９５８年のことでした。

廃水は見た目はきれいになりますが、有機水銀は含んだままです。そして、水俣川は八代《やつしろ》海（不知火《しらぬい》海）に流れ込んでいます。水俣湾よりもさらに広い不知火海全体に有機水銀を含んだ廃水が広がっていきました。しかも、業界団体や学者などから、水俣病の原因として「旧日本軍の爆弾」説や「貝毒」説などのさまざまな説が発表されたことで、原因究明が遅れたことも被害を拡大させた要因だったのです。

ようやくチッソが責任を全面的に認め、被害者への賠償を決めたのは１９７３年でした。最初の患者が発見されてからすでに17年の歳月が流れていました。患者らの告発を受け刑事裁判が起こされ、１９７６年、チッソの当時の社長と工場長が業務上過失致死傷罪で起訴され、のちに最高裁判所で有罪となりました。

工場の排煙や排ガスでくもる中国の吉林省長春市。急速に経済が発展する国々では、公害による健康被害への対応が共通の課題になっている＝Imaginechina／アフロ

「豊かさ」がもたらした光と影

水俣病だけでなく、イタイイタイ病、新潟水俣病、そして四日市ぜんそくを含めた**四大公害病**[★]は、すべて裁判になりました。

問題が起きて原因を探っていくと、企業がほぼ特定されてきます。ところが、その企業によって地元経済が成り立っているような場合は、行政が規制実施には及び腰になる。患者など被害者たちが裁判に訴えると企業側がそれに反論し、違う原因を唱えたり、企業を応援したりする学者が現れるという構図です。

その結果、原因の特定や責任の所在をめぐって裁判が5年、10年と延々と長引き、その間に健康被害がさらに広がってしまう。最終的に裁判所が患者などの原告の訴えを認め、企業あるいは行政がしぶしぶ対策規制に乗り出すというのが公害問題に対処する過去のパターンでした。

1960年代から1970年代にかけて、日本全国で工場から排煙が出て大気を汚染したり、工場廃水によって河川が汚染されたりしました。「じゃあ、煙突をうんと高くすれば排煙はずっと遠くに

四大公害病
メチル水銀による「水俣病」（熊本）と「新潟水俣病」（新潟）、大気汚染による「四日市ぜんそく」（三重）、カドミウムによる「イタイイタイ病」（富山）の4つ。

行って、そのうちに拡散して被害がなくなるだろう」。あるいは、「海は広いから、廃水も海に流せば拡散して、やがてきれいになっていくだろう」」。当時はその程度の認識しかありませんでした。

公害が社会問題になると、行政がようやく動かざるを得なくなりました。１９６７年には**公害対策基本法**［★］ができ、１９７１年には「環境庁」という国の役所が生まれました（２００１年に環境省に昇格）。日本は高度経済成長の陰でこうした問題に直面していたのです。現在、新興国や発展途上国などが公害問題に直面しているの

公害対策基本法
1967年7月に制定された公害防止対策の基本となる法律。1993年の「環境基本法」の成立により廃止されたが、内容の大部分はそのまま引き継がれている。

〈column〉

企業城下町

城下町のように城を中心として町全体が形成されている状況にたとえて、巨大企業を中心に町が成り立っている状況を「企業城下町」といいます。まさに水俣は水俣病の原因をつくったチッソの企業城下町でした。チッソの払う税金が大きな収入源でした。そこで働いている人たちの多くも、チッソやその社員を相手に商売をしている人たちも水俣市民だったのです。これが、原因の究明や裁判を遅らせる要因でもありました。

も同じ事情があると思います。

そこで、あなたに考えてほしい問題があります。会社が製造している製品が健康被害を引き起こし、問題を起こしているということに気がついたとき、社員としてどういう行動をとるのでしょうか。

会社を守るために事実を隠蔽《いんぺい》するのか。こっそりとそれを直して知らん顔をするのか。きちんと会社の中で大きな声をあげて、それを修正するのか。将来、自分の問題としてそういう場面に直面することがあるかもしれないのです。

もしあなたが大学教授だったり外部の研究者だったりすると、多額の研究費を出してくれる企業の代弁をするように迫られるかもしれません。企業の技術者、あるいは研究者としてのモラルが問われるのです。

水俣病の被害が拡大し、問題が今も完全に解決していない理由の一つには、利害関係者によるこうした問題が絡み合っていたことを忘れないでほしいと思います。

この講義の最後に、環境対策がビジネスとして成り立つという事例をご紹介しましょう。そのきっかけは米国で1970年にマスキー上院議員が提案した、通称「マスキー法（大気浄化法改正案）」です。自動車の排出ガスを徹底的に削減しようという法律で、1975年に生産される自動車が排出する一酸化炭素などを、1970年の10分の1以下にしなければ販売してはいけないという、大変厳しい内容でした。

米国の主要自動車メーカーは「そんなことは無理だ」と政治工作に走りました。結局、法案の内容を骨抜きにして、法律はできたけれども実施に至りませんでした。

日本の自動車メーカーは米国内での政治工作が困難です。1975年以降も米国市場で自動車を売るには、この基準をクリアしなければいけないと必死になって技術開発をしたのです。

その結果、ホンダが「CVCCエンジン」という新技術を実用化することに成功したのです。トヨタ自動車も日産自動車も続きました。燃費をよくし、余計な物質が出ないように、エンジンの中で効率的にガソリンを燃焼させる仕組みを開発したのです。

その直後、1973年にオイルショックが世界を襲い、ガソリン価格が跳ね上がりました。米国の自動車は燃費が悪いのに対し、日本車は格段に燃費がよくなっていたので、米国市場で日本車が爆発的に

1972年10月11日、CVCCエンジンを発表するホンダの本田宗一郎社長（右）。日本の自動車メーカーは1970年代、不可能と思われた米国の排出ガス基準をクリアするエンジンを開発した

売れたのです。

日本には公害問題の解決に必死に取り組んできた人々がいたことによって、環境対策で世界トップレベルの技術を持つようになりました。被害を減らそうという努力が日本企業を大きく躍進させたのです。そこに技術者や研究者としてのやりがいも見えてくるのではないでしょうか。水俣条約が採択されたことは、被害に苦しむ国や人々を支援するために、日本が公害対策技術を活用するチャンスでもあるのではないかと考えています。

日本は今、安倍政権の下で新たな成長を獲得しようと歩み出しています。しかし、どんな成長戦略を描くのか具体的な中身はこれからです。高度経済成長期の自動車、電機、鉄鋼などのように、持続的な成長を牽引《けんいん》する主力産業を育てていく必要があります。

２０２０年の東京五輪・パラリンピックの開催に伴い、建設投資や外国人観光客の受け入れなど数兆円規模の経済効果が期待できるという試算もあります。日本を訪れる外国人観光客は年間１０００万人を越え、２０００万人達成も夢ではなくなってきました。観光は成長ビジネスとして期待が高まっています。日本経済は五輪開催も起爆剤に、再び輝ける時代を築くことができるかどうか、岐路に立っているといっても過言ではありません。首相の説

豊かさには必ず「影」の部分があることを心に留めましょう

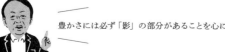

明通りアベノミクスが成果を生み、日本が未来に期待を抱ける時代を築けるかどうか、待ったなしの数年間を迎えています。

ただし、「豊かさとは何か」という問いへの答えを考えるとき、その過程には必ず光と影の部分があるのだということを忘れずにいてほしいと思います。歴史に学ぶということは、まさに教訓を得るためでもあるのです。

Memo

池上教授のメモ

資本主義の弱点を補って、よりよい社会に発展させるということを考えたのが英国の経済学者、J・M・ケインズです。たとえば、積極的に国が赤字を出しても公共事業のようなものでお金を支出すれば、新しい需要が生まれ景気が回復していく。すると税収が伸びて、赤字を解消できると考えたのです。安倍晋三政権の経済政策「アベノミクス」の2番目の矢である「機動的な財政政策」もこの考え方に基づいています。ところが日本で過去の実績を見る限り、うまくいったことばかりではありませんでした。経済学はその時々の経済状態に対する処方箋といえると思います。経済の仕組みが変わると、その処方箋が役に立たなくなることもあり得るのです。

第二章
Lecture.4

3・11という「第2の敗戦」からの復活

2011年3月11日、宮城県岩沼市の沿岸を襲った津波。日本は1000年に一度といわれる巨大地震に備えることができなかった＝共同

２０１１年３月11日、日本は１０００年に
一度ともいわれる大災害・東日本大震災に見舞われました。
想像を絶する大津波と想定外といわれた
原子力発電所の事故によって、生活の基盤を失い、
苦しむ人々を大勢生み出したのです。
日本にとって「第１の敗戦」とはもちろん第２次世界大戦。
そして大震災によって日本の科学技術が直面した限界は
「第２の敗戦」と位置づけられると思います。
終戦直後を生きた人々は
第１の敗戦からどのように歩み出したのか、
私たちは第２の敗戦をどのように乗り越えればよいのか、
考えてみましょう。

この回では東日本大震災後の被災地復興と原発事故の問題点を考え、戦後の焼け野原からの歩みをたどります。また、功罪はあるものの、今も幅広い世代に根強い人気がある田中角栄元首相の決断を通して、「政治家の責任とは何か」を振り返ります。

「地震予知」は不可能？ 被害を減らす「減災」へ

私が東日本大震災を「第2の敗戦」と考えた理由が2つあります。一つは日本の地震学者たちの敗北です。日本の地震研究は、世界でもトップレベルです。これまでは「大地震の予知は可能ではないか」という前提の下、その前兆をつかもうと多額の国家資金がつぎ込まれて研究が進んできました。

東日本大震災発生から2日後の仙台市若林区。津波により瓦礫で埋まってしまった田園＝澤田仁典／アフロ

ところが、東日本大震災を経て「巨大地震の予知はできない」という考え方が強まってきました。むしろ「巨大地震によってどれだけのことが起こりうるのか。被害を少しでも減らすためには何ができるのか」という「減災」に研究対象の重点が移ってきました。

東日本大震災に関しても、宮城県沖で大きな地震が起きるであろうというところまではわかっていました。しかし、その周辺の震源も含めて大きな地震が3つも同時に起きることまでは想定できていませんでした。想定できなかった地震が発生し、東北で1000年に一度とたとえられるほどの甚大な被害を生んでしまった。その苦い経験をふまえ、今後は「想定外だった」というわけにはいかないということになったのです。

注目を集めているのが東海、東南海そして南海の3つの地震域が連動して起こるとされる**南海トラフ地震**［★］の研究と対策です。政府が最悪の事態として想定している人的・経済的被害は死者32万人、220兆円。地震発生のメカニズムを研究しながら、「いつ起きるのか」という予知より、被害を最小にする対策に重点が移ってきました。

南海トラフ地震
南海トラフとは駿河湾から九州東方沖まで海底で続く深さ約4000メートルのくぼみ。繰り返し地震を引き起こしており、巨大地震の可能性が指摘されている。

安全神話に縛られた原発

もう一つの敗北は、もちろん東京電力の**福島第1原子力発電所の事故**[★]です。戦後、「日本の原発は大丈夫だ、安全性が高い」と言われ続けてきました。それなのに、津波で全電源が失われて、メルトダウン（炉心溶融）が起きてしまった。汚染水の流出も止まらず、貯水タンクからの汚染水漏れも表面化しました。

復興の取り組みは進んでいても、今もなお故郷に帰れない人々が大勢いるのが現実なのです。東京電力の対応は厳しく批判されていますが、十分な対応が取れなかった日本の政治、あるいは行政も含めて敗北したと考えています。日本の原発は「安全」という言葉に縛られてきたのではないでしょうか。

以前、東電の広瀬直己《なおみ》社長にインタビューをした際、私はこう聞きました。「電力会社が原発は安全だと言い続けてきたために、新たな津波対策として防潮堤を高くしようとすると、原発反対派からこれまでの安全対策は嘘だったのかと追及されかねない。そうなると都合が悪いので考え直してしまう。結局、『安全』という言葉に

福島第1原発事故
東日本大震災によってメルトダウンや水素爆発などの事故が起きた。大量の汚染水や放射性物質が放出され、深刻な事態が続いている。

縛られて、効果的に安全対策を打てなかったのではないか」。広瀬社長は「そういう点がありました」と認めました。

安全神話の呪縛は非常に怖いのです。「世の中に100％安全というものはない」ということは、理科系の皆さん方ならわかっているでしょう。ところが文科系の人の多くは、「98％安全です」と言われると、「残り2％は危険じゃないか」という話になってしまうわけです。数字の捉え方にしても、文科系と理科系には大きな断絶があるのです。

今、日本の原発は大きな2つの問題に直面しています。

一つは原発稼働の是非について。これだけ大きな事故が起きたのだからや

汚染水が地上タンクから漏洩していた東京電力福島第1原発。日本の原発は、目下の安全対策に加え、使用済み核燃料をどう処理するかなど中長期的な課題が山積する。2013年8月20日＝共同

〈column〉

核廃棄物の最終処分場

世界で核廃棄物の最終処分場をつくろうと実際に動き始めたのは、北欧のフィンランドとスウェーデンです。私はフィンランドの現地取材に行ったことがあります。フィンランドでは地下貯蔵施設の建設が始まっていました。大きな地震がなく、非常に地盤が安定しているという建設のための条件が整っているのです。

めるべきだという考え方があります。その一方で、原発が止まり、火力発電に頼らざるを得ない状態が続いています。円安により輸入する原油や天然ガスなどの価格が高騰し、燃料費が上がる。それによって電力料金がさらに上がり、国民の生活と日本経済は深刻な事態になる。経済界を中心に「原発の運転を再開すべきではないか」という声が大きくなっているのは、こうした背景があるからです。

もう一つの大きな問題は、**使用済み核燃料**［★］です。使用済み核燃料をどこかに保管しなければいけません。プルトニウム239の

使用済み核燃料
原子炉で使用されたあとの燃料棒で、高レベル放射性廃棄物。原発内の貯蔵量が限界に近づき、中間貯蔵の整備が不可欠とされる。

半減期はおよそ2万4000年です。日本に何万年もの間、安全に保管できる場所があるのかという問題です。日本では青森県に中間貯蔵施設がつくられていますが、まだ最終処分場が決まっていません。日本のように、全国に活断層があり、あるいは地下水が豊富な国土に最終処分場をつくり、安定した状態で保てるのかどうかという大きな問題があるのです。

日本は、使用済み核燃料の中からプルトニウムやウランを取り出して、それを再利用することになっています。ところが、日本で原発をやめることになると、使用済み核燃料は核のごみになります。青森県の中間貯蔵施設から使用済み核燃料が全国の発電所に戻ってきます。すでに全国の原発は敷地内に使用済み核燃料を大量に抱えている状況なのにです。

使用済み核燃料はリサイクルされて燃料になるので、電力会社の帳簿上でいえば資産になります。ところが核燃料のリサイクルをやめると、多額の資産が一瞬のうちに消えてなくなります。そうすると電力会社の中には、債務超過に陥り、帳簿上では事実上の倒産という事態になる可能性すらあります。

このように考えると、そもそも原発を稼働し続けるのも大変だし、やめるのも非常に難しい事態を想定しなければなりません。日本は全国の原発を再稼働させる準備を進め、新しい安全基準を満たしたところから発電を再開さ

使用済み核燃料は、帳簿上では電力会社の資産となっています

せています。一方で、すでに廃炉が決まった原発もあります。日本は今、原発をどうしていくべきなのかを問われているのです。

原爆開発者の苦悩

皆さんの中には将来、研究者や技術者になっていく方々もいるでしょう。そのときに、研究さえしていれば、あるいは技術さえ追求していければ、そもそも世の中がどうなろうとかまわないのかという、人間としての生き方が問われる場面が必ず訪れます。

マンハッタン計画
第2次大戦中の1940年代初頭から米国で進められた原爆開発計画。各地に秘密施設が置かれ最大で13万人を動員。45年7月に初の原爆実験に成功、8月に日本に投下した。

〈column〉

原子力研究者が減っている

残念なことに、日本では原発事故が起きたために、大学で原子力研究を志望する若者が減ってきています。原発を新設しなくても、いずれ数十年後には現在ある原子炉を全部解体していく必要があります。専門家を養成できなければ、廃炉問題も解決していくことができません。こんな深刻な問題にも直面しているのです。

世界で初めて原爆を開発し、広島と長崎に投下した米国で、国家プロジェクト、**マンハッタン計画**［★］の責任者だったオッペンハイマーという科学者がいました。彼はサンスクリット語でヒンドゥー教の教典を読むのが趣味だったそうです。

初めて核実験に成功した瞬間、ヒンドゥー教の経典の一節が頭に浮かんだといわれています。そこから、やがて原爆を自らつくり出してしまったことが、果たしてよかったのかという人間的、あるいは道徳的な疑問を自らに問いかけていくようになったそうです。

皆さんが企業に入ったとき、コストと安全性をどう両立させていけばよいのだろうかという判断が問われることが必ずあるはずです。そのときに皆さんはどのように行動するのか。あるいは人生をどう選び取るのか。そんなことを考

えられるような力を蓄えてもらえれば、というのが私のささやかな願いです。

焼け野原からの再出発

それでは日本の「第1の敗戦」である終戦直後から戦後復興の歩みを振り返ります。1945年の夏、日本の大都市の多くが焼け野原でした。まるで東日本大震災の巨大津波に襲われた被災地の様子と同じような風景が広がっていたのです。

日本人は絶望と混乱の中から立ち上がり、今日の繁栄を築き上げました。当時の日本人を思い出せば、現代に生きる日本人にとって大いに励みになり、今後のさまざまな課題を乗り越えていくことができると考えています。

ここで、皆さんに考えてもらいたいことがあります。皆さんが政治指導者だったとしましょう。日本人はみな茫然《ぼうぜん》自失としていて、どうしていいのかわからない

東京大空襲で焼け野原と化した新宿通り。建物の外郭だけが残された伊勢丹（左）と三越（右）。1945年5月31日＝共同

状態だったはずです。占領政策の下、戦後の焼け跡からどうやって立ち直ればいいでしょうか。まずはどこから手をつければいいのでしょうか。

講義で同じ質問をしたとき、ある学生が大変興味深い考え方を示してくれました。

「日本全体がどれぐらいの被害状況であるかを試算します。まず町を復興するのであれば、その復興物資を運ぶ道路を整備して、建物に火災が移らないように広くて大きな道路をつくってから都市づくりを始めていくべきだと思います」

Memo

池上教授のメモ

私は日ごろ学生たちに「ああすべきだ、こうすべきだ」とは言っていません。これからの日本をどうすべきなのかという問題は、一人ひとりが考えるべきことだと考えているからです。この本も読者の皆さんにとって現代社会を読み解き、明日に踏み出す力を養ううえでの一助になればと思っています。皆さんも海外旅行、ビジネスや留学などを通じて外国人と接する機会があるでしょう。2020年には東京五輪・パラリンピックが開催され、海外との結びつきはさらに強くなるはずです。子どもたちも含めて、日本の将来を一緒に考えていただければ幸いです。

その学生は、ある種のインフラ整備というか物資の確保という視点から戦後復興を考えたのですね。非常に現実的でした。実際にこの考え方に基づいた議論が、１００年近く前に起きた関東大震災の直後にもありました。「どうすれば東京を火災に強い都市にできるか」という問題意識に立って都市計画を進めようとしたのです。

これは当時の**後藤新平**［★］内務相が帝都復興院総裁として復興計画を立てたのですが、「そんなに広い道路なんかつくってどうするのだ」と批判され、議会で予算が大幅に削られ、復興計画は小さなものになってしまいました。

何か大きなことが起きたときには、「これではいけない。さあ、なんとかしよう」とみんなが考えます。ところが、事態が少し落ち着いてきて、具体的にどこをどうするか、個別の話になると急に反対運動が出たり、どんどん計画が小さくなったりしてしまうことがあります。

戦後、東京でもそういう失敗を繰り返していた面があります。いろいろな復興計画がつくられたけれども、それが全然実現していないのです。一方、名古屋や広島では、そのときに一挙に幅１００メ

後藤新平
1857年生まれ。明治から昭和初期に幅広く活躍した政治家。医師として出発し、内務官僚や満鉄総裁、東京市長などを務め、関東大震災直後には「帝都復興院」を創設した。1929年没＝共同

ートルの道路を計画し、建設しました。当時は「こんなばかばかしい道路をつくるなんて」と行政のトップはたたかれましたが、今になってみるとそれが経済活動の大動脈となっているわけですね。

ただし、計画を進めるには順番を考えなくてはなりません。物資を運ぶためのインフラ整備が必要だけれど、終戦直後の東京はみんな焼けてしまったから道路はそのまま使えたのです。問題はそもそも、食糧や日用品などの物資はどこにあるのか、どうやって国民を食わせるかという話なのです。当時、国会議事堂の周辺ですらさつまいも畑になっていたほどです。東工大のキャンパスも事情は同じでした。食べ物や物資の豊かな現代日本に暮らしていると、なかなか考えられないことかもしれません。

戦争が終わったのは1945年8月。本来なら9月、10月には、コメの収穫期を迎えるけれども、戦争中でしたからそんなに植えつけもできていません。収穫量も非常に少ない。あるいは、収穫に携わる農民はみな戦場に行ってしまって、労働力が確保できない事態に陥っていたわけですね。

当時の日本人は連合国軍からの援助物資によって生き延び、次の年の1946年の収穫に向けて、「さあ、何をするか」というところから、まず考えなければいけない状態だったのです。

一気に600万人増えた日本の人口

　戦争が終わり、東南アジアや中国大陸の戦地に派遣されていた兵士や民間人たちが日本に帰ってきます。戦中、日本が支配していた台湾や朝鮮半島に多くの日本人が移住していました。どれくらいの人が帰ってきたか、わかりますか。なんと600万人に達しました。

　ちなみに太平洋戦争、その前の日中戦争を合わせると、日本人の犠牲者・行方不明者は270万人に達すると推定されています。300万人を超えるという説もあります。驚くべき数です。もちろん戦場で戦って死んだ兵士もいれば、日本の国内で米軍の原爆投下や空襲によって

太平洋戦争末期には大学生も戦地に動員された。1943年10月頃、明治神宮外苑で行われた学徒出陣の壮行会＝共同

死んだ人々もいるわけです。

犠牲者・行方不明者270万人のうち、兵隊の数はおよそ174万人です。残りの100万人は空襲などの被害によって死んだ民間の人々です。日本兵が174万人死んだというと、米軍との、あるいは中国での戦争で死んだと勘違いしがちですが、必ずしもそうではありません。兵士の大半は、東南アジアなどの戦地で病死、あるいは餓死していたのです。東南アジアでは本当に無謀な戦争が行われました。

それには原因があります。指揮をとっていた指導者は、東京の大本営にいました。地図を見ながら、「ここにいる軍隊をこちらに移動させればいい」と計画を立てていたのです。特に**インパール作戦**[★]などが有名です。

実際には、とてつもない崖、谷、山がありました。平面の地図上で見ているように真っすぐになんか進めるわけがない。そんなことも一切無視して指揮していたわけです。大勢の兵隊たちが進軍途中で、悲惨な最期を遂げていきました。太平洋戦争では、いかに無謀な指揮をしたのかということを、ぜひ知っておいてください。愚か

インパール作戦
1944年1月から日本軍がインド北東部インパールに進攻を企てたが、制空権がなく食糧・弾薬の補給もない無謀な計画のため大敗、多くの犠牲者を出した。

な指揮官がいると、その部下たちは本当に大変な目に遭うのです。

本題に戻りましょう。海外から生き延びた日本人600万人が戻って来ました。食糧も物資も十分にない状態で、一気に人口が増えます。国内経済には何が起きるでしょうか。経済学的に考えてみてください。

そうです、インフレーションですね。供給不足に陥っている中で、需要が急拡大したのです。さらにいえば、日本軍が解体され元兵士たちおよそ700万人に退職金が支払われました。

当時の日本の指導者にしてみれば、国民を食わせることだけでなく、どんどん上がる物価をどうすべきか対応を考えなくてはなりませんでした。元兵士たちが退職金を受け取っても、物価の方が上がっていったら、生活すらできなくなるわけです。

そこで政府はインフレ退治のために、**預金封鎖**［★］という荒療治の政策を行いました。1946年の2月のことです。国民の需要を減らすために、銀行からお金を引き出せないようにして現金の流れを止めたのです。

預金封鎖と同時に、お金を**新円に切り替え**［★］ました。お金の流

預金封鎖・新円切替
終戦後のインフレ対策として行われた金融政策。従来紙幣を強制的に預金させて旧円の流通を止め、預金引出額を制限したうえで新円に切り替え、市中に出回る紙幣の量を減らした。

通を根本からコントロールするために、まず国民が持っているお金は全部銀行に預金させ、そのうえで、新しいお札、新円だけを引き出せるようにしたのです。

預金封鎖はもちろんインフレを止めるためでしたが、実はもう一つ、銀行、金融機関を守ったという面もあるのです。つまり、インフレが起きるとモノの値段がどんどん上がるわけだから、人々はその前に買い物しようとするでしょう。銀行からお金を全部引き出してしまったら、金融機関が成り立たなくなるわけです。

国民の犠牲のうえで、金融システムを守り、日本経済はとりあえずその後の成長の基礎を築いたのです。何かひどい状態になり、経済を立て直そうというときには、いつも国民が犠牲になる。終戦直後、弱い立場の人、闇の物資を手に入れることができない人が大勢飢え死にしました。戦争中にも大勢の人が死んで、戦争が終わったあとも多くの犠牲者が出たことを忘れてはいけないのです。

GHQが進めた日本の民主化

当時、GHQ（連合国軍総司令部）［★］のマッカーサー最高司令官は

GHQ（連合国軍総司令部）
日本の占領政策の拠点として置かれた連合国軍の機関。1952年、サンフランシスコ講和条約の発効により廃止された。

日本の立て直しを始めていました。秘密警察の廃止、労働組合の結成、婦人の解放、教育の自由化、そして経済の民主化という、いわゆる**五大改革指令**［★］です。

特に経済の民主化では、特定の企業グループに資本が集中するのを防ぐために「財閥解体」、大地主が所有する土地を小作人に分配して生産性を高めるために「農地解放」が進められました。この5つの改革によって、戦後の政治・経済体制の基盤ができたのです。

そこには、米軍を主体とする連合国軍の狙いがありました。

1941年12月7日、ハワイの真珠湾で日本軍の攻撃により爆発する米駆逐艦。GHQの目標は、日本を二度と大きな戦争を起こせない国にすることだった＝UPI／共同

五大改革指令
1945年10月にマッカーサーが示した占領政策の基本指針。当時の日本の首相は幣原喜重郎。

日本を軍国主義から民主主義の国に衣替えさせ、非軍事化することによって、二度と同じような戦争ができない国にするということを目指していました。

中でもGHQが労働組合の結成を奨励したことは、日本の内需拡大と大いに関係がありました。日本は国内市場が小さく、内需が不足していたために、中国大陸に満州をつくり、あるいは東南アジアに市場を求めて進出していったのではないか。つまり労働者が十分な給料を得られれば、それによって購買力が大きくなり需要が伸びていく。消費活動が増え、需要が増えて内需不足を解消できるのではないかと考えたのです。そのために労働組合を強くして賃金引き上げ交渉をする。「労働条件をよくしよう。働く者は経営者と同等の権利を持っている。給料を上げろ」と労働者が声を出すようになれば、給料が上がるだろうと考えたわけです。

戦前にも労働運動はありましたが、企業や団体で働く多くの人々は「賃金引き上げ交渉をやりましょう。労働条件の向上のために戦っていいですよ」と、突然上から認められたのです。何とも不思議な話です。

ところが高度経済成長が実現していく過程で、一部の労働組合は政治活動に傾斜していきました。たとえば、「日米安全保障条約反対」とか、「米軍は出ていけ」とかいった主張を強めていったことは、米国の誤算だったかもしれません。

〈column〉

ドイツと異なる日本の戦後

日本の戦後は、米国を中心としたGHQ（連合国軍総司令部）による占領政策下にありました。天皇制は維持され、日本の統治機構は丸ごと残したまま、GHQがおおまかな方針を打ち出して間接統治する方式でした。具体的な政策立案と実行は日本政府に任されました。これが東西に分割占領されたドイツの戦後と異なるポイントです。

日本人の「貯蓄好き」の原点とは

終戦直後、日本の政府は社会インフラの整備や企業の投資に必要なお金をどのように集めたのでしょうか。当然ながら政府にも潤沢にお金はありません。あるいは企業が投資をしようにも、銀行が貸すお金も十分にはありませんでした。

そこでまず**一大貯蓄運動**［★］が始まりました。「国民の皆さん、銀行に貯蓄をしましょう」という運動です。とにかく貯蓄が大事とい

一大貯蓄運動　1946年11月、衆議院内に設置された「通貨安定対策本部」が中心となり、インフレ抑制を目的とした「救国貯蓄運動」を展開。インフレ収束後も大蔵省・日銀が自主的貯蓄運動を呼びかけた。

うことを国民に刷り込むために、「こども銀行」という制度が始まりました。

たとえば、親からお小遣いをもらったり、お年玉をもらったりしたら、それを銀行に預金しましょうと勧めたのです。銀行が子ども用の特別口座をつくって、学校で預金ができる仕組みにしました。「預金が大事」と、私たちの世代は子どものころから徹底的に刷り込まれました。その預金を使って銀行はさまざまな企業に融資し、さまざまな投資が行われるきっかけになったのです。

今はなくなってしまいましたが、政府の「財政投融資」という仕組みがありました。国民が郵便局を窓口に貯金した「郵便貯金」が財源にあてられました。大蔵省から郵政省（現・総務省）に利子が支払われ、貯金した人に届けられました。さらに大蔵省が政府系金融機関を通じて「特殊法人」と呼ばれる組織に資金を貸し、それを通じて大企業などが投資資

〈column〉

日本人は貯蓄好き?

「江戸っ子は宵越しの金を持たない」という言葉を聞いたことがありますか。懐の金は一晩で使い切ってしまうという、江戸っ子の気風の良さを表現したものです。貯蓄を奨励するために始まった「こども銀行」の制度は、日本人が貯蓄を重視する環境づくりに大いに役立ったといえるでしょう。

金を得られるようになったのです。

また当時、都市銀行だと定期預金といっても1年間あるいは2年間ぐらいの期間しかありませんでした。そうすると製鉄会社が5～10年かけて新しい製鉄所を造るような資金として利用するには向いていません。

そこで、**長期信用銀行**[★]という仕組みをつくり、高い利子をつけた5年満期の「債券」を売り出しました。これで得た資金をいろいろな企業に長期に貸すことができるようになりました。

長期信用銀行
主に債券発行で資金調達し、設備資金・長期運転資金など長期資金の貸付を行う。日本興業銀行（興銀）・日本長期信用銀行（長銀）・日本債券信用銀行（日債銀）の3行があった。

1960年にいわゆる「所得倍増計画」がスタートし、国が長期計画を立て、そして預貯金の増強奨励運動をし、銀行に資金が集まるようになり、銀行がそれをさまざまな企業に貸す。そして企業がその資金によってさまざまな投資をする。いわゆる設備投資が動き出しました。

新しい工場を造るためには、コンクリートや鉄骨といった建設資材が売れます。すると鉄鋼メーカーが新しい製鉄所を造ったり、セメントメーカーがセメント工場を造ったりしました。まさに投資が投資を呼んだのです。

政府が所得倍増計画を推し進めていた当時の経済成長率（実質）は、平均して年7％を超える水準でした。日本はおよそ10年にわたって高成長を持続し、池田首相が唱えた計画は10年たたずに実現したのです。最近の中国の経済成長率は7％程度ですね。同じ水準です。

「庶民宰相」田中角栄の功罪

1964年の東京五輪開催に合わせて走り出した東海道新幹線は、開業から半世紀が過ぎました。その後、主要都市を結ぶ新幹線整備計画は、上越、長野、東北、九州、北陸、北海道へと広がり、建設が続いています。

当時、首相の座を目指していた**田中角栄**《かくえい》［★］通産相は、計画のひな型ともいうべき

1972年発表の政権構想「**日本列島改造論**」〔★〕で、高速鉄道網や高速道路網の考え方を述べています。この構想は田中が官僚や記者らを執筆陣にして、自分が首相になったら日本列島をこんなふうにしていきたいというビジョンを語ってまとめさせたものです。当時としては壮大なスケールの構想でした。

構想の骨格はざっと、以下のような考え方です。太平洋沿岸に集中している京浜地区、阪神地区などの工業地帯を全国の拠点都市に分散し、人口30万〜40万人の中核都市を各地に育成する。これらの都市を新幹線網と高速道路網で結び、大都市への一極集中をなくして、バランスのとれた国土建設を目指していくというものでした。

当時はまだ東海道新幹線が運転しているだけで、山陽新幹線が建設中のころでした。国土改造論には鉄道や道路だけでなく、情報通信網を張りめぐらせようというアイデアも含まれていました。建設用地を確保するために山を切り開き、河川を改修するような大型の公共事業が長期間にわたって必要になります。文字通り、日本列島をコンクリートで改造してしまうような勢いでした。

田中は1972年に54歳という若さで首相に就任しました。スロ

田中角栄
1918年生まれ、新潟県出身。高等小学校卒業後上京し、土建業を営む。47年に衆議院初当選。72年首相となる。日中国交正常化、国土開発などの功績がある。93年没。

日本列島改造論
1972年に出版。東京一極集中の流れを変えるために「国土維新」を掲げ、地方で豊かに暮らせる国づくりを唱えた。

ーガンは「決断と実行」。首相になる政治家には東京帝国大学出身者が多かった時代でしたが、田中は違い、当時のマスコミや国民は「庶民宰相」「今太閤《いまたいこう》」ともてはやしました。またの名を「コンピューター付きブルドーザー」と評され、国民には頼もしいリーダーと映ったのです。

独学と持ち前の気配りで権力の頂点に上り詰めた田中は、アイデアマンで、行動力の人でもありました。たとえば、全国に原子力発電所の建設を進めるために、原発を誘致した地方自治体に国からの交付金が落ちる仕組みも田中がつくりました。かつてのガソリン代金の一部が道路整備のために使われる財源の制度も、田中によるもので

1982年11月5日に大宮駅で開かれた上越新幹線の開業式典。日本各地へ広がる新幹線網は、田中角栄の「日本列島改造論」に基本構想が描かれていた

1975年3月の上野駅の風景。希望と不安を胸に集団就職列車で上京した地方出身の若者が日本の高度成長を支えた

した。戦後日本をインフラ面から築き上げたといえるでしょう。外交では、持ち前の交渉力で日中国交正常化を果たしました。

ところが1974年、田中は最大派閥を維持するための金脈問題を追及されて首相を退陣。その後、1976年に**ロッキード事件**[★]で逮捕され、被告となりました。ロッキード事件というのは、米航空機メーカーのロッキード社から日本の航空会社（全日空）への航空機売り込みに際して便宜をはかった見返りに、賄賂《わいろ》を受け取ったとされる問題です。

〈column〉

列島改造論はベストセラーに

『日本列島改造論』が出版されたとき、私は学生でした。これを読んで大学の課題リポートを提出した記憶があります。政策としての評価は分かれますが半年で80万部売れるほどのベストセラーになりました。「そんなに売れているのか。じゃあ俺も読んでみようかな」と言ったのは田中だったという逸話が残っているほどです。

やがて田中は派閥分裂の渦中に脳梗塞を患いました。その後遺症で半身不随となり、1989年には政界を引退したのです。それでも田中は裁判を終え、再び首相の座に返り咲こうと執念を燃やしていたともいわれています。

1983年に東京地裁が有罪判決を出した2カ月後、総選挙がありました。有罪判決にもかかわらず、田中は地盤の新潟3区から立候補し、22万票という記録的な票数でトップ当選したのです。

都市部の有権者から見れば、有罪判決を受けた田中はとんでもな

ロッキード事件　米国の大手航空機メーカー・ロッキード社をめぐる贈収賄事件。田中角栄元首相ら国会議員をはじめ、全日空の幹部らが逮捕。田中氏は5億円を受け取ったとして実刑判決を受けた。

田中角栄は「決断と実行」を掲げ、国民から広い支持を集めた。1972年11月20日

1972年9月28日、中国の毛沢東主席と握手する田中角栄首相（右）。首相就任から約2カ月で国交正常化を実現した＝共同

い政治家と受け止められていたのですが、地元の有権者は、「先生はわれわれのために努力してくれた。ここで恩返しをしよう」と考えたわけです。日本は高度経済成長の道を駆け上り、経済大国の地位を築いたにもかかわらず、なおさまざまな格差に直面していた地方と都会の有権者の考え方の違いでしょうか。日本の戦後政治にはこういう現実があったのです。

実際、日本の経済全体は発展し続けていたのに、農村の人口はどんどん都会に移り農業はみるみる衰退していきました。農家の子どもたちは就職先を求めて都会に出て行きました。いわゆる「集団就職」です。特に1960～70年代にかけては、中学校や高校を卒業した若者たちが就職列車に乗って次々と上京しました。そんな上野駅での風景を映像や写真で見たことがあるかもしれません。当時の若者たちは「金の卵」とも呼ばれました。

田中角栄という人物は、毀誉褒貶《きよほうへん》がありますが、決断力があり、いろいろな政策を実現しました。開発から取り残されたような人々や貧しい地方の人々のために、各種の政策を実行した政治家だったのです。政治家としての評価は功罪の両面あったといえるでしょう。

死去から20年あまりが経過したにもかかわらず、関連書籍がベストセラーになるなど根強い人気を誇っています。東日本大震災直後、「こんな時代に田中角栄がいてくれたら」と、その決断力と行動力を懐かしむ政財界の信奉者がいたことも事実です。今も人々が愛しているのは、国民を説得する「対話力」と公約を実現する「実行力」を兼ね備えた人間・田中角栄に対する安心感や信頼なのかもしれません。

〈column〉

金の卵たちの歌碑がある上野駅

東北地方などから集団就職で上京した中学生や高校生の多くは、当時の国鉄上野駅に到着しました。新たに踏み出した人生の一歩が上野駅だったこともあって、当時の若者の心情を歌った「あゝ上野駅」(1964年)は国民的なヒット曲となりました。上野駅にはこの歌を記した歌碑がありますので、一度、ご覧になるといいでしょう。

経済の発展とともに、農村の過疎化も進んでいきました

第二章
Lecture.5

日米安全保障条約が守るモノとは

1945年8月30日、厚木飛行場に降り立ったGHQ最高司令官のダグラス・マッカーサー＝近現代PL／アフロ

日本は第2次世界大戦後、憲法9条で
「戦争放棄」を掲げて国際社会に復帰しました。
米国と結んだ日米安全保障条約によって、
「安全は米国が守ってくれる。経済に力を入れよう」と
舵を切り、経済成長の道を
ひた走ることができたという側面があります。
やがて東西冷戦が終わり、国際情勢は大きく変わりました。
憲法9条の解釈を変えたことで、
安保条約をめぐる問題は新たな段階を迎えています。
日本はどのように平和を守り、
国際貢献を果たしていけばよいのか考えてみましょう。

将来、歴史学者が2015年という年を振り返ったとき、現代史のなかでどのような意義づけをするでしょうか。少なくとも、1960年に新しい日米安全保障条約（安保条約）に改定されてから、「日本の平和と安全」がこれほど問われた年はなかったと思います。

1月には過激派組織「イスラム国（IS）」（Lecture.11参照）によって2人の日本人が拘束され、殺害されるという事件が起きました。イスラム国側の一方的な主張や痛ましいできごとが、インターネットで逐次公開され、日本は揺さぶられました。日本人がテロの標的になり、安全が脅かされる時代が訪れたのです。

安倍晋三首相の戦後70年談話は、「植民地支配」「侵略」「痛切な反省」「心からのおわび」という4つのキーワードは入りましたが、日本が過去の戦争責任とどう向き合い、これからの平和にどう貢献していくのかというメッセージが伝わりにくいものでした。残念ながら1995年の村山富市《とみいち》首相による戦後50年談話に比べ、首相自らの肉声が少ない談話だったと言わざるを得ません。

そして何より、政府が安全保障法制を成立させて「集団的自衛権」の行使に踏み出すという、安保政策の大転換がありました。マスコミの世論調査などで回答者の過半数が法案成立に反対を表明し、十分に法案の中身を理解できないままの強引な採決でした。

日本は平和と安全をどう守っていけばよいのでしょうか。まずは、日本にある米軍基地（専用施設）の7割強が集中し、安全保障の拠点である沖縄の現状をみていきましょう。沖縄の問題は日本全体に関わる問題でもあるからです。

20年近く迷走している普天間基地問題

沖縄県にある**米軍普天間《ふてんま》基地**（宜野湾《ぎのわん》市）**の移設問題**［★］をめぐって、政府と沖縄県の対立が続いています。政府は沖縄県との協議を経て、移設先である本島北部の名護《なご》市辺野古《へのこ》周辺での作業を再開しましたが、移設反対を掲げる翁長雄志《おながたけし》知事は、前知事による埋め立て承認を取り消す決定をしました。政府との厳しい対立は続き、打開の糸口は一向に見えてこないのです。

沖縄県の面積は日本の国土全体の1％にも満たないのですが、日本にある米軍基地（専用施設）の約74％が集中しています。特に沖縄本島では、面積の約20％が基地で占められているという状況です。

代表的な基地には、米空軍が主に使う嘉手納《かでな》基地（嘉手納町、沖縄市、北谷《ちゃたん》町）と米海兵隊が主力拠点とする普天間基地があります。

米軍普天間基地の移設問題
1995年の米兵による少女暴行事件で対米批判が高まり、両政府は96年、県内移設を条件に返還を決定したがその後進まなかった。

普天間基地の移転先となっている名護市辺野古には美しい自然が広がっている＝共同

嘉手納基地からは戦闘機や偵察機が頻繁に飛び立ち、普天間基地では新型輸送機「オスプレイ」やヘリコプターが離着陸をくり返しています。特に普天間基地は、近隣に学校や民家が集中する市街地の人口密集地にあるので、世界で最も危険な基地とまでいわれます。

戦後、沖縄では米軍機の墜落などによって子どもを含む民間人が犠牲になる大事故がありました。米兵による犯罪も少なからず起こり、人々は苦しんできました。そもそも日米両政府が普天間返還をめぐる議論を始めたのも、1995年、米兵3人により少女が暴行されるという凶悪犯罪が起きたことがきっかけだったのです。沖縄県民にしてみれば、「基地の負担はもうやめにしてほしい」という思いが強いのです。

さらに、移設先となっている辺野古周辺は、美しい自然が残る土地です。貴重な生物が住み、サンゴ礁も広がっています。そのようなところに基地を移設したら、それらの自然が破壊される恐れもあるとして、根強い反対運動があるのです。

普天間基地をめぐっては、1996年4月に、当時の橋本龍太郎首相と米国のクリントン大統領の間で、「5年から7年のうちに全面返還」ということで合意が成立していました。1999年には日本の政府が辺野古を移設先とする方針を閣議決定しています。つまり、遅くても2003年には実現しているはずでした。それが、日米合意から20年近く迷走を続けてきたのです。

この間、政府は名護市には基地受け入れを認めてほしいので、「海岸を埋め立てる工事は地元の建設会社を使いましょう」「予算を充実させて地域整備に取り組みましょう」などと働きかけてきました。現地に行くとよくわかりますが、多額の補助金のおかげで立派な体育館や公民館などの施設が建てられています。

1996年4月17日、日米首脳会談の共同記者会見を終え握手するクリントン米大統領と橋本龍太郎首相。日米政府の合意によって2000年代前半には普天間基地の返還が実現するはずだった

本土のメディアが取材に行くと、名護市の人たちはカメラの前では「基地受け入れは反対だ」と言います。ところが、カメラを止め、本音を聞くと、「こんなに政府からお金をつぎ込んでもらっているのだから、しょうがない」とか、「辺野古に基地ができれば、宜野湾市の人の負担が減るのだから、いいのではないか」と答える人もいます。本音と建前の難しさがあるのです。

沖縄県には日本にある米軍基地（専用施設）の7割強が集中している（沖縄県宜野湾市の普天間第二小学校）

普天間は
「世界で最も危険な基地」
といわれています

「ひめゆりの悲劇」を知っていますか？

沖縄県に米軍基地が集中することになったきっかけは、第2次世界大戦です。日本が終戦を宣言したのは1945年8月15日。国際法上の戦争が終わったのは9月2日になってからです。

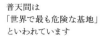

沖縄では1945年3月になると米軍の一斉攻撃が始まり、4月に**地上戦**［★］が展開されました。大規模な戦闘が終わったのは6月23日でした。沖縄で日本軍の牛島満《みつる》司令官が自決をして、日本軍の組織的な抵抗が終わった日です。つまり3カ月間、沖縄では地上戦が行われていたのです。太平洋戦争で日米両軍の兵士が日本の土地で戦火を交えたのは、硫《い》黄《おう》島と沖縄だけでした。

沖縄攻略に際し、米軍は1500隻もの艦船と、兵士54万8000人を投入しました。上陸した兵士は18万3000人に上りました。待ち受けていた日本側は合計11万6000人。日本軍の兵士だけでなく、沖縄の住民も動員させられたのです。10代の若者たちも軍を支援する要員や看護師などとして駆り出されました。

女子学生の学徒隊には花の名前が付けられました。有名なのが沖縄県立第一高等女学校と沖縄師範学校女子部で構成された**ひめゆり学徒隊**［★］です。ひめゆり学徒隊は、米軍による艦砲射撃などによって多くの学生が亡くなり、ごく一部の人が生き残りました。現在、沖縄南部の糸満《いとまん》市には、「ひめゆりの塔」という慰霊碑が立てられています。皆さんも修学旅行などで訪れたことがあるかもしれません。

沖縄地上戦
太平洋戦争末期の1945年4月に米軍が上陸作戦を展開。多くの住民を巻き込み、県民4人に1人が命を落としたとされる。

ひめゆり学徒隊
沖縄師範学校女子部と県立第一高等女学校の生徒222人、教師18人が、看護要員などに動員された。解散命令後に自決した生徒も含め136人が亡くなった。

1945年4月1日、沖縄の読谷村渡具知海岸に上陸した米軍＝共同

沖縄戦では、ほかにも痛ましいできごとがありました。ガマと呼ばれる洞窟に避難している住民たちを日本兵が追い出して、立てこもったのです。あるいは、ガマに隠れていることが米軍にわからないように、赤ちゃんが泣かないように命令し、母親が自分の赤ちゃんを殺すという悲劇が起きました。集団自決も記録として残っています。

どれだけの人が亡くなったのでしょうか。沖縄南部の糸満市摩文仁《まぶに》に沖縄県営平和祈念公園があります。そこにある「平和の礎《いしじ》」という碑には、3カ月間にわたる沖縄戦で亡くなった人たちを中心に、24万人あまりの名前が刻まれています。日本人だけではなく、米国人やアジアの人々の名前も刻まれ、沖縄県民の犠牲は少なくとも10万人とみられています。

沖縄は絶好のアジア防衛拠点

米軍は戦後、日本軍の基地を接収して使い続けましたが、住民を収容所に移したあと、基地としてふさわしい場所を選び、家屋などを壊して土地を平らにし、新たな基地を造っていきました。現在の沖縄県にある米軍基地の大半が戦後に築かれたものなのです。

本来なら戦争が終わり、占領政策が節目を迎えれば、米軍は引き揚げることになるのでしょう。ところが、世界情勢は急速に変化していきました。いわゆる東西冷戦です。米国陣営とソ連陣営に分かれ、いつ戦争が起きるかわからないようなにらみ合いが始まっていたのです。

１９５０年には朝鮮半島で朝鮮戦争が始まりました。韓国を支援するために、沖縄の基地から大量の物資、兵隊たちが朝鮮半島に送り込まれました。やがてベトナム戦争が始まり、１９６５年になると沖縄の嘉手納基地からB-52という巨大な爆撃機が北ベトナムを爆撃するために飛び立ちました。沖縄はベトナム戦争の最前線を担っていたのです。沖縄はアジア地域の安保

戦後に家屋などが取り壊され、新たな基地が造られました

戦略の絶好の拠点でした。まさに沖縄は、今もキーストーン（要石）の役割を担っているのです。

また、沖縄に配備されている**オスプレイ**［★］が大きな問題になっています。オスプレイには海兵隊向け（MV-22）と空軍向け（CV-22）があり、輸送機とヘリコプターの機能の両方を兼ね備えています。大量の荷物や兵士を積んで、高速で遠くまで飛ぶことができ、滑走路がなくても離着陸ができます。自衛隊と米軍の共同訓練が行われ、米軍のオスプレイが日本の護衛艦に着

離島奪還訓練の一環で、海自護衛艦「ひゅうが」に着艦する米軍のオスプレイ。自衛隊と米軍の協力関係は一段と緊密になっている（2013年6月14日、サンディエゴ沖）

オスプレイ
米軍の新型輸送機。ヘリコプターのように離着陸し、飛行機のように高速で飛べるが、墜落事故が多く、開発段階から騒音や振動被害も出ている。

艦する訓練も行われるなど連携を強めています。

尖閣諸島周辺をめぐる緊張が高まってくれば、結果として安全保障戦略上の沖縄の重要性が再認識されるでしょう。本土に住む日本人の中には、「やっぱり米軍は必要だろう」とか、「米軍は沖縄に配備しておけばいいじゃないか」とか勝手に考える人たちが出てくるかもしれません。

しかし、沖縄に住む人々にとってみれば、「とんでもない」という話になります。戦後、命に関わる問題として基地と向き合ってきたからです。これは決して「沖縄」だけにとどまる問題ではありません。米軍基地問題をどう考えていけばよいのか、日本人全

〈column〉

沖縄はアジアの要石

沖縄県と同様に、戦後占領されていた奄美諸島は1953年12月に、小笠原諸島は1968年6月にそれぞれ返還されました。米軍が基地を置くには重要性が低かったからです。

これに対して沖縄はアジア地域の安全保障戦略の絶好の拠点でした。1972年に沖縄は日本に返還されましたが、東西冷戦とアジアの軍事的緊張を背景にその重要性は変わっていません。

員が問われているのです。その意味で、戦後はいまだに終わっていないのです。

そもそも、日米安全保障条約とは何か

では日本は独立国なのに、なぜ米軍がいるのでしょうか。

歴史的な経緯を遡ると、1951年の**サンフランシスコ講和条約**[★]締結にたどりつきます。戦後、日本を占領していた連合国軍が引き揚げ、日本の独立と国際社会への復帰が認められることになりました。日本は独立国になったので、米軍が勝手に残るわけにはいかなくなりました。このため、駐留し続ける根拠となる**日米安全保障条約**[★]が結ばれたのです。

1960年には条約が改定されました。これをめぐって国会が大混乱し、数万人規模のデモ隊が国会議事堂を取り巻き、デモに参加していた東京大学の女子学生が亡くなる事態へと発展しました。新安保条約では、旧安保条約で不平等と指摘された2つの大きなポイントが改定されて現在に至っています。

一つは米国側に日本を守る義務が生じるようになったことです。

サンフランシスコ講和条約
第2次大戦の連合国48カ国と日本が調印、1952年4月に発効し戦争状態が終結。日本は独立を回復した。

日米安全保障条約
サンフランシスコ講和条約とともに発効。米国は、在日米軍の駐留が認められた。1960年に新安保条約として改定。

それまでは、日本が海外から攻撃を受けたとき、米軍が出動して日本を守るかどうかは、そもそも米国政府の判断に委ねられていたからです。

もう一つは「内乱条項」の撤廃です。内乱条項というのは、日本国内で大きなデモなど反政府運動が盛り上がったときに、政府が「これは内乱である」、あるいは「よその国から指図を受けたものだ」と認定すると、米軍がデモ参加者に対して直接軍事力を使って弾圧できるルールになっていたものです。

しかし、日本国内での反政府運動は、基本的にその国の問題です。政治に対する不満があるから起きるわけです。よその国の軍隊に助けを求めるなどというのは、独立国のすることではないという批判が高まり、改正につながったのです。

1960年6月19日、新安保条約が自然承認され喜ぶ岸信介首相（中央）。条約の発効を見届けて岸首相は退陣した

新安保条約の正式名称は「日本国とアメリカ合衆国との間の相互協力及び安全保障条約」です。条約名に「相互協力」という言葉が入ったことによって、安全保障面だけでなく、政治・経済面での幅広い協力関係についても規定されました。

条約の期限は10年ですが、どちらかの国が1年前に予告すれば条約を破棄することができます。その後、自動延長の手続きが繰り返され、現在に至っています。

新安保条約の中でも、よくニュースなどで話題になる条文を引用してみましょう。

（一部抜粋）

〈column〉

日本が揺れた1960年

1960年、多くの日本人が自民党の安保条約改定の強行採決に怒っていました。日本の民主主義が危ういと危機感を持った人たちが大勢立ち上がり、国会周辺で抗議行動に参加するようになりました。

中心的な役割を担ったのが全学連と呼ばれた「全日本学生自治会総連合」です。各大学の学生自治会の連合体でした。

国会議事堂周辺では、大学生が中心となって安保反対を唱え続けた（1960年頃撮影）

第四条　締約国は、この条約の実施に関して随時協議し、また、日本国の安全又は極東における国際の平和及び安全に対する脅威が生じたときはいつでも、いずれか一方の締約国の要請により協議する。

第五条　各締約国は、日本国の施政の下にある領域における、いずれか一方に対する武力攻撃が、自国の平和及び安全を危うくするものであることを認め、自国の憲法上の規定及び手続に従つて共通の危険に対処するように行動することを宣言する。

第六条　日本国の安全に寄与し、並びに極東における国際の平和及び安全の維持に寄与するため、アメリカ合衆国は、その陸軍、空軍及び海軍が日本国において施設及び区域を使用することを許される。

日米地位協定で認められている米軍の特権

日米安全保障条約に基づいて**日米地位協定**［★］も結ばれました。これは米軍への基地提供について定めているほか、米兵への特権、税金の免除、裁判の方法などについても規定されています。米国は基地を置く各国との間で結んでいます。

たとえば、米軍兵士が輸送機で日本にある基地を通じて入国する場合、パスポートはいりません。入国審査もありません。訓練中に車両事故を起こして住民が死亡したり、ケガをしたりしたとしても、日本の警察は手が出せません。米軍が裁判権を持つことになります。

しかし、休暇中の兵士が事件や事故を起こした場合はどうなのでしょう。現行犯であれば、日本の警察が逮捕できますが、基地に逃げ込まれてしまった場合には警察は手が出せません。重要参考人として事情聴取する場合には、米軍側の弁護士が付き添うかたちになります。取り調べが終わったらまた基地に戻り、容疑が固まり起訴された段階で、身柄を日本側に引き渡すという運用がなされています。日本人の犯罪者に比べて、不平等な権利が認められていると指摘される部分です。

特に沖縄には大きな米軍基地があることによって、米軍兵士によるトラブルも深刻です。沖縄だけでなく、国内では米兵による犯罪が起こるたびに問題点が議論されています。

米軍は日本を守ってくれるのか？

日中間で懸案事項になっている沖縄県の**尖閣諸島をめぐる問題**

日米地位協定
新安保条約の締結とともに1960年に発効。在日米軍の権限などを定める。米軍基地内での管理権、基地の外での警察権、裁判権、米兵への特権など。

米兵が事件を起こしても、
現行犯でなければ日本の警察は
逮捕できません

［★］について、注目される発言がありました。２０１４年４月に来日したオバマ米大統領が、「尖閣諸島は日本の施政権下にあり、安保条約が適用される」と明言したのです。米国は尖閣諸島の領有権が日本と中国のどちらに帰属するかについてはコメントしていませんが、「施政権下にある」という認識を持っていることがわかります。

ただし、条約をよく読むと、日本が攻撃されたら、米軍が無条件で守ってくれるかどうかは、非常に微妙なところです。「米国は日本を守るとき、憲法上の規定及び手続きに従って行動する」という

オバマ大統領は沖縄県・尖閣諸島（写真）に「日米安保条約が適用される」と発言している＝共同

尖閣諸島をめぐる問題
沖縄県石垣島の北約170キロに位置し、魚釣島など5島と岩礁群からなる無人島。日中それぞれが領有権を主張。日本が実効支配しているが、状況は緊迫している。

ふうに書いてあるからです。

つまり、日本の施政権下にある地域で戦闘行為が起きた場合、まず、一義的には、日本政府と自衛隊が行動を起こすことになります。そして、「自衛隊の手に負えないから助けてほしい」ということになったら、米軍が出動するという順番があるのです。

さらにいえば、米軍が出動する際には、米国憲法上の手続き、国内の手続きに基づくと条文には記されています。これがなぜ問題なのかというと、米国がほかの国と戦争するときは、宣戦布告が必要だからです。宣戦布告の権限は、大統領ではなく連邦議会に与えられています。大統領は米軍の最高司令官ですが、戦争を始めるかどうかの権限は議会にあるのだということです。

日米安保条約について誤解があるかもしれませんが、有事の際に、すぐに米軍が助けてくれるわけではないのです。

アジアの米軍再編計画の目的とは

「60年安保闘争」から半世紀が経ちました。日本周辺やアジアの安全保障をめぐる環境は大きく変わり、北朝鮮が核兵器を開発したり、中国が軍事力を増強したりしています。

数年前ですが、中国海軍高官が米軍司令官に「米軍が太平洋を全部管理したり、警戒したりするのは大変でしょう。少し負担を減らしてあげましょう。ハワイから西は中国軍に任せませんか」と提案したそうです。冗談めかしていたというのですが、実はかなり野心をむき出しにした本音だろうと思います。

米国は中国の軍事力拡大に大変な危機感を持っています。「これまでは中東周辺に力を入れていたけれども、これからはアジアにもっと重点を置かなければいけない」。それがオバマ大統領の方針です。

その取り組みの一つとして、オーストラリアに米海兵隊が駐留するようになりました。米政府は財政状況がかなり厳しくなっているので、オーストラリア軍と一緒になって、西太平洋の安全を守ろうじゃないかという戦略です。

一方で、沖縄に駐留する米海兵隊のかなりの部分をグアム島に移転する計画を進めています。これはアジア地域での**米軍再編計画**[★]の一環です。沖縄が何らかの攻撃対象になるおそれがあるからです。

沖縄に大部隊を置いておくと、中国と戦争になったときに大きな被害が出るかもしれない。でも、グアムにまで届く性能を持った中

アジアの米軍再編計画
日本における再編の主体は、沖縄の第3海兵遠征軍司令部など8000人をグアムに移転、約300人の第1軍団司令部を米ワシントン州から神奈川県の座間市に移転することなど。

国のミサイルは数が限られている。だから、兵力をグアムまで後退させておけば被害を最小限に食い止められるだろうという狙いがあるのです。

一方、米軍はグアム島からいつでもアジアに広く展開できる能力を持っています。だから、仮想敵のミサイルの射程の外に出て、いつでも反撃できる態勢を組んでおこうとしているのです。日本にも移転計画を実現するための応分の負担を求めています。

だからといって米国がアジアで戦争をしようといっているわけではありません。厳しい財政状況の下で兵士や兵器の配置を見直し、展開力を高めて戦争の抑止力にしようと考えているのです。

米軍普天間基地の移設問題も、このアジアでの米軍再編計画の中にあります。安倍内閣が憲法改正に必要な議論の時間をかけずに、解釈の変更だけで「集団的自衛権」を可能にしたこととも決して無縁ではありません。

自衛権には「個別的」と「集団的」の2つの考え方があります。わかりやすく言うと、個別的とは自国が攻撃された際、防衛のために反撃できる権利。集団的とは自国が攻撃されていなくても、仲のよい国が攻撃されたり、危機に陥ったりした場合に共同で反撃できる権利です。集団的自衛権は国連憲章でも加盟国に認められていて、北大西洋条約機構（NATO）軍などがその

米国は中国の軍事力拡大に、大変な危機感を持っています

代表的なケースです。

ただし、日本の歴代内閣は、権利はあるけれども、「現憲法の下では行使はできない」という1972年の政府見解を基準にしていました。ところが安倍内閣は、安保環境の変化を理由に、集団的自衛権は「必要最小限度の自衛のための措置として憲法上許容される」と結論づけました。1959年の最高裁判所による「砂川事件判決」を補強材料に、「憲法は自らの存立を全うするために必要な固有の自衛権を否定していない」と主張したのです。

「砂川事件」というのは、米軍基地に入り込んだ日本のデモ隊の刑事責任をめぐって、

〈column〉

最高裁は安保条約について判断しなかった

駐留米軍は憲法違反にあたらないかどうか裁判で問われたのが、「砂川事件」です。最高裁判所は「憲法9条が禁じているのは、わが国自体の戦力である。日本として戦力を持つことを禁止しているのであって、米軍に関して禁止しているわけではない。そして、日米安全保障条約は、国の行政が判断すべきことであって、裁判所の司法審査の範囲外である」と判断しました。

結果的に「(日米安保条約を)憲法違反ではないと判断したことと同じではないか」と私は受け止めています。

旧安保条約に基づいて駐留する米軍基地は違憲か否かという問題が争われたものです。このときは、最高裁で「憲法は固有の自衛権を否定していない。米軍も違憲とはいえない」という判決が下されました。今回、安保関連法案を審議する過程では多くの国民が反対しただけでなく、多くの憲法学者が「砂川判決は集団的自衛権まで争点になっていない。安保法案は憲法違反」と批判しました。これに対し、与党は「憲法の番人は最高裁」と反論。採決に踏み切りました。つまり、憲法違反かどうかは憲法学者が判断することではなく、最終的には最高裁が判断することだと主張したのです。

日本は憲法の下で国家を運営する立憲主義の国です。それが、憲法解釈を変えるだけで、国民の生命や財産に影響を及ぼす「集団的自衛権」の行使を認めることは果たして正しかったのでしょうか。「戦争に巻き込まれることはない」と言い切れるのでしょうか。この問題は、私たち一人ひとりの問題であることを忘れてはいけないと思います。

自衛隊も核兵器も憲法違反ではない？

あなたも社会科の授業などで習ってきた通り、日本国憲法は「戦争放棄」と「軍隊を持たない」ことを規定しています。世界に類のない平和憲法でもあるのです。そこで、憲法解釈をめぐる、過去の有名な政府のやり取りをご紹介します。

かつて警察予備隊の戦力について、当時の**吉田茂**［★］内閣が「日本は軍隊を持てないはずなのに、これは軍隊ではないか、憲法違反ではないか」と追及されたときにこう答えています。

「軍隊というのは、近代的な戦争ができる能力を持ったものを呼ぶ。たとえば、ジェット機など、そういうものを持ったものが軍隊であって、そんなものは持っていない。そんな戦力は持っていないのだから、これは軍隊ではない」という言い方をしました。その理屈だと、

吉田茂
1878年生まれ。46年第一次内閣、48〜54年第二次から第五次に至る内閣を組織。サンフランシスコ講和条約・日米安保条約を締結。67年没。

Memo

池上教授のメモ

現代日本に生きる私たちも、憲法、核兵器、世界経済、宗教、中東問題、中国、北朝鮮などさまざまな課題に直面しています。残念ながら第2次世界大戦以降の世界や日本の歴史について、高校までの授業ではあまり時間を割けなかったのではないでしょうか。高校までは、先生が言ったことをそのまま覚えて、試験ではその通りに書けばそれが正解でした。必ず答えがあったわけですね。これから社会に出て行くと、答えのない問題というのはいくらでもあるのです。戦後社会の成り立ちを知り、どんな日本を築いていくのか、あなたがた一人ひとりに考えてほしいと思います。

今の自衛隊はジェット機を持っていますから、どうなんだろうという話になります。

1957年、安倍晋三首相の祖父にあたる**岸信介**[★]首相が「自衛のための核兵器は許される」と国会で答弁しています。日本は憲法9条で戦争を放棄している。でも、自己防衛の権利まで排除するものではないという立場です。

日本は、権利としては核兵器だって自衛のためであれば持てる。でも被爆国である日本は、政策として核兵器を持たないという論理

岸信介
1896生まれ。佐藤栄作の兄。57年首相就任。60年に新日米安保条約批准を強行。直後に総辞職。87年没。

〈column〉

第五福竜丸の被曝から60年

1954年3月1日、静岡県の焼津港を母港とする第五福竜丸の被曝事件が起きました。米国が南太平洋のビキニ環礁で行った水爆実験で発生した放射性物質を浴びたのです。実験区域外で漁をしていたのですが、水爆はとてつもないエネルギーでした。第五福竜丸は2週間後に焼津港に戻りますが、乗組員23人は急性放射性障害の症状を発症して入院しました。乗組員の一人、久保山愛吉さんが亡くなっています。

構成になっている。ということは、政策変更すれば、自衛のための核兵器は持ちますよ、核兵器をつくることもできますよと解釈できるわけです。

でも、核兵器は究極の兵器でしょう。これ以上の兵器はないですよね。核兵器を持てるなら、そもそも「戦力」ではない「実力」ってなんだよという話になっていくわけです。つまり、自衛隊は憲法に違反しないと言い続けてきて、いろんな理屈を付けた結果、大変わかりにくいことになっているように思います。

歴代の内閣は「自衛隊は軍隊ではありませんから憲法違反ではありません」と言ってきましたが、当時の**小泉純一郎**［★］首相は国会答弁で、「自衛隊はど

日米共同訓練でオスプレイから降り立つ自衛隊員（2013年10月16日、滋賀県高島市）。平和憲法を掲げる日本は、安全保障をめぐって、重大な岐路にさしかかっている

小泉純一郎
1942年生まれ。厚相・郵政相などを歴任、2001年首相就任。06年まで政権をとる。日本の首相として初の北朝鮮訪問で首脳会談を実現。郵政事業民営化法案を成立させた。

〈column〉

初の原子力予算の根拠

1954年、国家予算に初めて原子力研究予算がつくことが決まりました。金額は2億3500万円でした。なぜこの金額になったのか。以前、私は当時改進党の議員として自由党に予算を認めさせた中曽根康弘氏にインタビューしたことがあります。そのときに予算の数字の根拠を尋ねました。そうしたら「ウラン235にちなんで2億3500万円にしました」と。うそみたいな、なんとも愕然とする話でした。

「憲法と矛盾しています」というみたって軍隊でしょう、軍隊を持っちゃいけないという憲法と矛盾しています」と突然言い始めました。そして今の安倍内閣でも、「自衛隊は日本の国内では軍隊ではないということになっているけれども、海外に行くと軍隊として扱われている。そこに矛盾があるから憲法を変えるんだ」という言い方になってきているのです。

つまり、議論がひっくり返っています。そもそも日本国憲法は、「日本は戦争放棄、軍隊を持たない」という姿勢を世界へ示すことで始まった。でも、警察予備隊は自衛隊になり、「自衛隊は自衛のためには必要だから、憲法違反じゃないよ」といって、どんどん大きくなってきた。

ふと気がついたら、「自衛隊はこんなに大きく立派な存在になって、海外からは軍隊と指摘されるまでの規模になったのだから、軍隊を持ってもいいという憲法に変えようじゃないか」というのが、今の憲法論争だということです。

もちろん、憲法を変えるか変えないかという議論は国民一人ひとりが考えることだけれども、これまでの戦後の自衛隊と憲法をめぐる論争でいえば、どこかで議論がひっくり返っています。曖昧に済ませてきた自衛隊や9条をめぐ

2013年9月の「安全保障の法的基盤の再構築に関する懇談会」で、あいさつする安倍晋三首相。経済政策「アベノミクス」に取り組む一方で、転換点となる安全保障政策を推し進めている＝共同

自衛隊と憲法との曖昧な議論には、もう限界がきているのです

る議論が、もう曖昧には済ませられなくなったから何とかしましょうということになっているのです。

本来であれば、「軍隊を持つのはやめるべきだ」という議論になるか、あるいは「軍隊がないと日本という国が守れないのであれば、軍隊を持てるように憲法を変えればいいのではないか」という議論をすべきだったのです。

つまり、安全保障法制をめぐる議論も、「日本人はそもそも憲法9条をどうするのか」「自衛隊をどうするのか」という議論から始める必要があったのではないかと思います。戦後、憲法9条で「戦争放棄」を掲げてきたことによって、日本人が直接、戦火に巻き込まれることはありませんでした。これからの平和への国際貢献を考える中で、この重みを見つめ直す必要があったのではないでしょうか。

核兵器を持つ強さ、持たない強さ

最近、米国の機密文書が次々にオープンになっています。米国は機密文書、外交文書も50年たつと公開するのです。最近公開された文書を見ると、1958年、外務省内部で核兵器を持つことについて密かに検討が行われ、それを米国に伝えていたということが明らかになりました。日本政府が何を考えていたかということが米国の外交文書でわかるという、大変情けない事態です。

歴代の自民党の方針は今も受け継がれています。2009年、麻生太郎内閣が議員の質問に対して答弁書を出しています。「日本政府としては、自衛のために核兵器を持つことができるが、政策上の方針として一切の核兵器を保有しない」。その方針でいけば、今の安倍内閣も変わらないはずです。

だいぶ前のことですが、1968年には内閣調査室（現・内閣情報調査室）が、日本は核兵器がつくれるかどうか実際に検討しました。当時、茨城県東海村では日本原子力発電の東海発電所が運転していました。今は古くなって解体が進んでいますが、当時、東海発電所で年間、原子爆弾数十発分のプルトニウムが出てきていました。しか

〈column〉

戦前、日本は原爆を開発していた

日本は戦前、すでに原爆の研究開発をしていました。陸軍は1940年に東京帝国大学に検討を依頼し、理研の仁科教授の頭の文字をとってコードネーム「二号研究」と呼ぶ開発をスタートさせました。一方、海軍は1941年に京都帝国大学に研究を依頼しました。「分裂」という意味の単語「Fission」の頭文字をとった「F研究」というコードネームがつきました。結局、東京大空襲による爆撃や戦況の悪化などによって、研究は成果をみることなく敗戦を迎えました。

も核弾頭を積む戦略ミサイルに使う固体燃料ロケットの製造も、技術的には可能でした。つまり、日本は核ミサイルをつくることができるというところまで技術的な検証が行われ、秘密文書としてまとめられたのです。

戦後の日本は平和国家として**非核三原則**［★］を守り、核兵器は持たないという方針を掲げてきました。簡単にいうと「核兵器は持ちません、つくりません、持ち込ませません」というものです。この非核三原則

非核三原則
核兵器を持たず、つくらず、持ち込ませずとする日本政府の政策。1967年、当時の佐藤栄作首相が国会で初めて表明し、71年11月に衆議院で決議を採択した。

を守ってきたはずの日本は、その裏側で、核兵器を持つことを検討していた歴史があるのです。

ただし、当時はもし日本が核兵器を持つということになれば、中国やソ連が、日本に対して疑いの目を持つだろう。あるいは米国も日本が勝手に核兵器を持つことに対しては強く反発するであろう。日本国内でも世論が賛成派と反対派に分裂する。日本

〈column〉

平和のための原子力

1953年12月、米国のアイゼンハワー大統領が国連で「アトムズ・フォー・ピース（Atoms for Peace）」という演説をしました。つまり「平和のための原子力」という考え方です。米国は原爆を開発し、広島、長崎に投下しましたが、原発というかたちで莫大なエネルギーをつくり出せる技術を普及させるために世界の国々に協力する用意があるという演説をしたのです。戦争が終わり、多くの原子力研究者や関連技術者の新たな仕事をつくり出す必要があったのです。

は非常に不安定になり、周辺の国との関係が悪化する。そういったことを考え、核兵器を持つことは得策ではないと判断していたようです。

原発を一刻も早くやめるべきだという人たちがいる一方で、政府や経済産業省、経済界の中には、やっぱり原発は日本のエネルギー政策上必要だと言う人たちがいます。その背後には、原発を運転し、プルトニウムをつくることで、「日本はいつでも核兵器を持てる技術を維持することが大事である」という政治的な意図があるのではないかとも思えるのです。

戦後の政治家たちはいろんな思惑を持ち、その思惑は今もあるのだということを知っておいてください。そして日本人の平和と安全の問題を考えるとき、日本には憲法の存在すら超えるような日米安保条約という存在があることを知っておいてください。果たして日米安保条約が守ろうとしているモノとはいったい何なのでしょうか。

憲法改正が論じられる今、「日本はどうすべきなのか」ということについて、皆さん一人ひとりが考えてください。あるいは、科学者や技術者としてどうあるべきなのかということを一人ひとりが自分に問いかけてほしいのです。

第二章
Lecture.6

歴史的政権交代は、なぜ失敗したのか

握手する社会党左派の鈴木茂三郎委員長（右）と右派の浅沼稲次郎書記長（左）。左右の社会党が統一して野党第一党になった。1955年10月13日＝共同

自民党が民主党から政権を奪い返し、
安定政権の基盤を固めました。
衆院と参院でそれぞれ第一党が異なる
「ねじれ」問題が解消され、「決める政治」を
打ち出せるようになったのです。
ところが、自民党に代わる実力を備えた野党は、
見る影もありません。
有権者は政権交代を体験する一方で、
自民党への批判票を投じる受け皿がない不幸にも
直面しています。日本の政党政治の歩みと
これからを考えてみましょう。

この回では戦後政党政治の節目である1955年の「55年体制」発足、そして有権者が自ら政権を選んだ2009年の衆院選を振り返ります。一票を投じて、政党を選ぶ重みを考えましょう。

原発が争点になった東京都知事選

東工大の講義では、学生たちが疑問や主張をぶつけ合う質疑応答も大事にしています。学生の説明がうまいか、下手かにかかわらず、自らの考え方を大勢の前で示すことは非常に大事なスキルでもあるからです。この部分が、海外の学生に接してみて、日本の学生には弱いと感じる点でもあります。

2014年2月に行われた東京都知事選では、原発問題が一つの争点として浮上しました。そこで、これをテーマに取り上げ、「原発問題は争点になるか」と問いかけたところ、学生たちの考え方は真っ二つに分かれました。その関連で学生の議論の参考になるように、いくつか判断材料も投げかけました。

まず新潟県にある東京電力の原子力発電所でつくられる電力は、新潟県以外の消費者が利用しているということ。この事実は意外に知られていませんでした。そして、東京都の経済規模を国内総生産（GDP）に換算してみると、韓国よりも大きく、スウェーデンとほぼ同じくらいの一国家にも匹敵するということ。日本の人口のほぼ1

割にあたる1300万人が東京に暮らし、国の経済活動の中で決して無視できない存在であるということなども考慮してほしかったからです。

「争点にならない」と考えた学生の多くは、「防衛や外交のように国家のエネルギー政策に関わることだから」「投票に行く一部の有権者の判断だけで重大な問題を決めてはいけない」「地方自治体の役割は福祉や公共サービスなど地域住民に密接な問題を考えることだから」といった視点からでした。

これに対して「争点になる」と考えた学生たちは、「日本で最も人口の多い自治体で、大きな電力を消費しているから」「東京以外の土地でつくられた電力に依存しているのはおかしい」「東京都は東京電力の大株主でもあるから、原発事故の問題や発電計画などについて口を出すべきだ」といった理由が目立ったように思います。

そこで、別の視点を投げかけました。都知事選直前の2014年1月に行われた沖縄県の名護市長選でのことです。米軍普天間基地の名護市辺野古への移設に対して反対を唱える稲嶺進《いなみねすすむ》市長が当選しました。市民は稲嶺氏に投票することによって「米軍基地は嫌だ」と意思表示をしたわけですが、実際には、仲井真弘多《なかいまひろかず》沖縄県知事（当時）が政府からの辺野古の埋め立て申請を承認したので、手続き上は止めることはできないのです。

東京都民という立場で見れば、ほかの自治体に依存する「原発」と「米軍基地」の問題は、利益を享受するという点で共通する部分があるのではないかと思っています。つまり、東京で暮らす人々は電力を新潟県に依存し、国の安全を米軍基地が集中している沖縄県に依存している面があるわけです。

たしかにエネルギー政策や安全保障政策の問題は、基本的には国家が考えることではあるけれども、地方自治体が取り組んだり動き出したりすることによって、国の政策に影響を与えることがあります。その代表例が、横浜市による待機児童をゼロにする取り組みでしょう。

前知事の辞任による都知事選が突きつけた「原発問題は争点になるか」という問題を通じて、地方自治体の権限とは何かという問題について考える契機になったのではないでしょうか。選挙権年齢は18歳以上に引き下げられました。学生たちが日本の将来を考えて、有権者として1票を投じる判断力を鍛えていってほしいと思います。

そこで、日本の政党政治について振り返りましょう。

「自民圧勝」予測は有権者にどう影響したか

2013年7月の参院選を前に、新聞社などが事前に参院選の投票に関する独自の世論調査をして、「自民党圧勝」「自民党と公明党が多数になる」「**衆参のねじれ**[★]が解消」という結果を出していました。その結果、「国会が自民党一色になってしまうのではないか」、それなら「自分が行っても行かなくても選挙結果には変わりない」、というムードすら漂っていたほどです。

実は選挙前のニュース番組の視聴率は軒並み落ちていました。つまり、投票に行っても行かなくても「自民圧勝」と受け止めていた人が非常に多く、選挙に関するニュースそのものの関心が薄れていたのではないかということです。

2012年12月の衆院の解散総選挙のときには、NHKや民放のニュース番組は高い視聴率をとりました。ところが、参院選の場合は視聴率が1ケタ台だった放送局が続出しました。

2013年7月21日夜、自民党本部で参院選の当選者の名前にバラを付ける安倍首相。自民党の「圧勝」予測に危機感を持った有権者も少なくなかった

衆参のねじれ
衆議院と参議院の多数派が異なる状態のこと。内閣は参院では少数与党となり、条約や予算のような自動成立条項を持たない法律案などの成立が困難となる。

これは一種のパラドックス（逆説）かもしれません。メディアが人々に選挙への関心を持ってもらうために事前に調査をし、独自の予測を報じるほどみんなが関心を失っていくという現象が起きていたのです。

参院選後、この問題を東工大の講義の中で取り上げたとき、学生から非常に的を射た問題意識が上がりましたのでご紹介しましょう。

〈column〉

読みにくい有権者の投票行動

マスコミの世論調査で「自民党圧勝」という結果が出ると「自分の票が無駄にならないように当選する人に入れよう」といった判断で動く場合があります。これを「バンドワゴン効果」といいます。バンドメンバーが乗ったワゴン車が走って、みんながはやし立てる。お祭り騒ぎのように勝ち馬に乗るというわけです。ただ、「勝たせ過ぎるのは問題だ」という考えで行動をする人もいるのですね。こうした逆の影響が出ることを「アナウンス効果」といいます。世論調査の結果によって、人々が行動を変えてしまうということがあり得るのです。

「前の民主党政権に比べて、自民党政権はかなり違う政策を進めています。たとえば、原子力発電所の推進もそうです。『自民圧勝』というニュースはよく聞きましたが、『自民党は民主党とここが違う』ということがあまり報道されていない気がしました。国民は数年前に民主党政権を選んだのに、今は全然違うことをやろうとしている自民党を支持している。国民の選択は果たして本当にこれでよいのでしょうか。国民が慎重に判断できるような報道が足りないのではないかと思いました」

そこでメディアの役割が重要になってくるのではないでしょうか。新しい政策について一つひとつ、自民党は民主党とどう違うのか、あるいはどちらがいいのか、どちらも駄目なのか、ということをきちんと検証していく、あるいは伝えていく必要があるのではないかということを学生の指摘によって考えさせられました。

「55年体制」は崩壊したけれど

1955年に日本社会党（現・社民党）の統一が実現し、自由民主党が誕生して、社会党対自民党の対立構図、いわゆる**55年体制**［★］が始まりました。その後、自民党が安定多数を占め続け、日本には**二大政党制**［★］は育ちませんでした。

２００９年の総選挙で自民党が大敗し、民主党への政権交代が起きました。そして２０１２年の総選挙では、再び自民党が政権を握りました。民主主義国では当たり前のことですが、有権者の選択によって2度の政権交代が行われたのです。

民主党政権になったとき、「戦後初めての本格的な政権交代」といわれました。つまり、その前にも政権交代はあったのです。１９９３年のことでした。自民党の宮澤喜一《きいち》内閣のとき、政治改革をめぐって自民党から小沢一郎氏のグループが飛び出し、さらに鳩山由紀夫氏などのグループも離党。自民党が過半数割れのまま総選挙に突入したのです。

選挙の結果、自民党は過半数をとれず、「自民党が負けた」と判断されました。しかし、自民党は選挙前にすでに過半数割れをしていたので、選挙でそれほど議席を減らしたわけではなかったのです。

そこに目をつけたのが小沢一郎氏です。自民党以外の各党が集まれば過半数を確保できると考えたのです。路線が違う共産党以外の政党を寄せ集め、過半数を確保して日本新党代表の細川護熙《もりひろ》氏を首相とする**連立内閣**［★］をつくりました。

55年体制
１９５５年10月、左右両派に分裂していた日本社会党が統一。11月には自由党と日本民主党が自由民主党を結成。以後自民党政権、野党・社会党が93年まで続いた。

二大政党制
2つの大政党が議席の大半を占め、選挙で勝利した政党が単独で政権を担当する形態。米国の共和党と民主党、英国の保守党と労働党などが代表的。

このとき、議席数の規模からいえば第一党は自民党でした。自民党が過半数を割り込み、「55年体制」が崩壊し、形の上では政権交代が起きたわけですが、過半数の有権者が日本新党を選んだ結果ではありませんでした。

2009年総選挙では、「自民党の麻生太郎政権を引き続き支持するのか」、あるいは「民主党の鳩山代表を選ぶのか」というかたちになりました。もちろんほかの党もありましたが、いわゆる二大政党制の政権交代選挙として、国民の審判を仰いだわけです。

連立内閣
主義主張の異なる政党が、党の独自性を残しつつ政策協定を結び一つの政権を担う。比例代表制を採用する諸国では一般的。

〈column〉

なぜ衆院が優先されるのか

衆院の決定が参院より優先されるのは、衆院の方が直近の国民の世論を反映している議員で構成されている可能性が高いという考え方があるからです。衆院の任期は4年ですが任期満了を迎えるケースはあまりありません。経験則でいうと、平均して2年半から3年弱ぐらいで解散総選挙を迎えています。これに対し、参院は任期6年。3年ごとに選挙をし、選ばれた議員は6年間務めます。憲法が想定する参院の役割は、衆院が決めたことを、いわば大人の立場でチェックする機能にあったのです。

米国では国民が大統領を直接選ぶことができますが、日本には首相を国民が直接選ぶ制度はありません。しかし、国民はどちらの政権を支持するかという選択をすることで、事実上、首相を選んだのです。

掛け声倒れのマニフェスト

政権を担っていくうえで、民主党の失敗に学ぶべき点は大きいと思います。失敗には2つのポイントがあります。その一つが、総選挙で**マニフェスト（政権公約）**［★］を

1993年、日本新党など複数の政党による連立政権が発足し、形の上では政権交代が起きた＝共同

2009年7月27日、衆院選に向けたマニフェストを発表する民主党の鳩山由紀夫代表（当時）。多くの有権者の期待を集めたが……

掲げ、有権者に訴えたにもかかわらず実現できなかったことです。

マニフェストは、英国の労働党党首で首相になったブレア氏の時代に注目されました。ブレア氏が取り組んだマニフェストは、確実に実現させる項目を並べ、いつまでにやるという期日を入れたのです。さらに、実現のための財源をどこから持ってくるかということを明記していました。有権者は公約が守られているかいないかを、あとで検証できるわけです。

それまで日本では、政党は「選挙公約」というものを出し、各党は「あれをやります、これをやります」といってバラ色の約束をしていました。しかし、果たしてどれだけの公約が実現したのか疑問です。民主党はこの手法を改め、総選挙に備え具体的なマニフェストを出しました。期日や財源を明記したものもありましたが、明記できていないものもありました。選挙に勝った以上、実現しなければいけなくなりましたが、そう簡単には進みませんでした。

衝撃的だったのが、当時の前原誠司《せいじ》国交相が「群馬県の**八ッ場《やんば》ダム**[★]（長野原町）の建設を中止します」と、いきなり発言したことです。「マニフェストに書いて約束していたことですから」と言っ

マニフェスト
政党の政策綱領のことで、政策の実施時期や費用などの内容を具体的に盛り込んだもの。日本では2003年の統一地方選挙で多くの知事候補が掲げ、その後も各党が公表してきた。

八ッ場ダム
総事業費約4600億円と国内のダム史上最大。基本計画では完成を2000年度としたが、その後延長。09年には民主党政権が建設中止を表明するも、11年12月に建設再開に転換した。

たのです。

地元を含め多くの関係者を驚かせました。事前に関係者に打診したり、あるいは地元を説得したりするといった調整を経ないままの発表でした。結局、「建設中止の発表」を撤回せざるを得なくなりました。

「根回し下手」だと政治はできない？

こればかりではありません。民主党政権は、地元への何の相談もないまま、あるいは事前の根回しもないまま、重要案件について突然発表しました。

たとえば、総選挙前、民主党の鳩山代表は沖縄県の米軍普天間基地の移設問題について、個人的な願望として「最低でも県外」と発言しました。

菅直人《かんなおと》首相も福島県知事との会談で、「福島に放射性廃棄物の中間貯蔵所をつくる」と突然表明しました。地元は何も聞かされておらず、びっくり仰天するわけです。

米軍普天間基地の移設をめぐる問題は迷走を続けている（2013年12月27日、沖縄県宜野湾市）

民主党にしてみれば、「自民党政権が何かを決めるときには裏で根回しをし、話がついたところで発表をしてきたが、そんな手法は不明瞭じゃないか。議論をオープンにしなければならない」と考えたのではないかと思います。そもそも「聞いていないのは当たり前だよ。今、初めて発表するのだから。これをみんなで議論しようじゃないか」と考えていたのでしょう。

ところが、政治の世界だけでなく、日本の社会というのは事前の根回しが非常に大事です。いきなり発表されると、それだけで「何だよ、聞いてないよ」となって、反発する人が大勢出てくるのです。

民主党のようなやり方は、日本の社会では受け入れにくいものだったわけですね。こうした問題が政権のさまざまな場面で衝突を生み、ぎくしゃくした関係を引き起こしました。

マニフェストを実現するうえで、財源確保の見通しの甘さという問題点もありました。民主党は、与党になっていろんな情報が入ってくれれば、財政の無駄もわかってくるに違いない。その無駄をどんどん洗い出せば、財源はいくらでも確保できるという楽観的な見通しがあったようです。いわゆる**事業仕分け**［★］という試みも始まりました。

たとえば子ども一人あたり月額2万6000円を支給する**子ども手当**［★］

民主党政権は何の根回しもせず、重要な案件をいきなり発表しました

という新制度の実現も、マニフェストに掲げていました。民主党が野党だった時代に、月額1万3000円であれば財源の確保は可能という見通しがあったのですが、選挙対策のために財源の裏付けがないまま金額を2倍に引き上げてしまったのです。

公約通りの金額で「子ども手当」が恒久的に支給されるとなれば、人々は子どものための教育費や生活費として使おうとするでしょう。ところが、来年はどうなるかわからない制度であれば、むしろ子どもの将来のために貯金しておこうということになりがちです。これでは経済効果も期待できません。

もちろん「事業仕分け」という試みによって、各省庁の予算には無駄があることも明らかになった点は評価できるのですが、安定して確保できる財源を見つけることはできませんでした。結局、「子ども手当」の制度は設けられましたが、満額回答は実現できませんでした。

民主党はマニフェストを掲げて国民に新しい政策をアピールし、支持を集めたのですが、評判が次第に落ち、政権末期には「消費税を上げる、上げない」という議論をめぐって党が分裂するという事

事業仕分け
行政の無駄をなくす目的で公開の場で国の事業を個別に評価、要否を選別する。民主党政権の行政刷新会議が2009年に導入し、改革の目玉となった。

子ども手当
2009年の衆院選で民主党が公約。所得制限なく2万6000円を支給するという内容だったが、12年度からは「児童手当」に移行し、支給額も見直された。

態になりました。有権者から愛想を尽かされ、2012年暮れの総選挙で、大敗北を喫したのです。

「脱官僚」はなぜ失敗したのか

民主党の失敗は、もう一つあります。**脱官僚**[★]を掲げ、政治主導を目指していましたが、実現できなかったことです。

自民党政権時代、内閣は火曜日と金曜日の午前中、週2回閣議を開いていました。ここでいろいろな方針を決めていたのです。その前の日の月曜日と木曜日には「事務次官会議」が開かれていました。各省のトップである事務次官が集まって、翌日の閣議で何を話し合うかということを事前に決めていたのです。

本来、省と省が対立したら、その解決策は政治家が判断すべきことです。ところが、事務次官たちの間ですべて決めてしまうので、省によって対立する案件はそもそもテーマにならないのです。このため閣議では、大臣はあらかじめ決められた書類にサインをするだけで終わってしまう。「閣議はサイン会だから」という表現をする大臣もいたほどです。

脱官僚
民主党は政権交代直後に「脱官僚」を実現するための3法案(国家公務員法改正案・政治主導確立法案・国会改革関連法案)を準備したが、成立しなかった。

「脱官僚」という考え方自体はまっとうな判断です。ところが民主党は政権をとってから、各省の大臣たちが、「とにかく全部、報告を上げろ。われわれが判断する」というやり方をしました。「事務次官、あるいは審議官や局長は何も判断するな」と指示し、あらゆる書類が大臣、副大臣、政務官にまわってくるようになりました。

そして、三役が「さあ、どうしたらいいか」と、頭をつき合わせて決めるやり方に変えたのです。この結果、何か方針が決まるまでに大変時間がかかることになりました。事務次官や局長は、報告をあげたら、結論が出るのを待つようになりました。それまでは全部自分たちで決めて、実行したからやりがいもあったのに、やる気を失ってしまったのです。うっかり何かをやると、上から「余計なことをするな」と怒られるわけですから、とにかく指示を待つ姿勢になりました。

霞が関は、こうして機能しなくなった

別の問題も起きました。事務次官会議があったときは、各省が互いにどんなことをやろうとしているのか把握できました。ところが会議がなくなり、よその省が何をやっているのか、何を考えているのかが、わからなくなってしまったのです。

政策によっては利害を調整し、素早く対応しなければならない問題もあるはずですが、各省はばらばらになっていきました。「脱官僚」「政治主導」という言葉は美しい

ものの、霞が関が機能しなくなるというお粗末な状態に陥ってしまいました。

その結果、2011年3月11日、東日本大震災の発生時には、とてつもない大惨事が起きていたのに、大臣と官僚の間で情報伝達がスムーズにいかず、政府が機動的に動けなかったという指摘があります。

組織運営はとても大事な問題なのです。皆さんが会社や組織に入って、プロジェクトを始めるというときに、それが尊敬できる人物からの指示であれば問題ないのかもしれませんが、気に入らない上司からいきなり押しつけられた

津波で市街地まで押し流された大型船。東日本大震災の被害は甚大だった。政府が機動的に動けたか、検証は今も必要だ（2011年3月12日、宮城県気仙沼市）＝共同

行きすぎた「脱官僚」「政治主導」により、
霞が関は機能しなくなりました

ものではやる気が起きないでしょう。

それよりは、「どんなことをすればいいのか意見してくれ。それはいいことじゃないか、ぜひやってくれ」と認められれば、人は一生懸命にやるのでしょう。やりがいがあれば、時間がかかっても、報酬にも関係なく一生懸命取り組むというのが人間の心理というものなのです。

「これではいけない」とさすがに気がついた民主党は、政権の最後の野田佳彦《よしひこ》首相になってから、事務次官会議の名前を変えて復活させ、各府省連絡会議をつくりました。しかし、「民主党政権は何も決められない」とか、「何ごともものごとが遅くて進まない」とかいうイメージが定着してしまいました。

この間の過程は、日本の民主主義にとって非常に画期的だったと思います。つまり自民党のやり方がおかしかったから、政権交代が起きて民主党政権になった。でも、民主党がお粗末だったから、また政権がひっくり返ったわけです。

有権者はこの数年間の経験を積んだことで、「また政治がおかしかったら選挙でひっくり返せるんだぞ」ということを学んだのです。そして政治家は、政権をとってもきちんと運営しないと、いつまた政権を失うかわからないという危機感を持ち、緊張感も持つようになったのです。

批判票の受け皿のない不幸

自民党は圧倒的な議席数を確保しました。公明党との協力もあって政権基盤は盤《ばん》石《じゃく》となりました。

その一方で民主党は大幅に議席を失い、小規模政党になってしまいました。ほかの野党もばらばらです。このあと、もし有権者が自民党の政策や判断に対して批判票を投じようとしても、受け皿になるしっかりした野党がないわけです。それは日本の民主主義や有権者にとって不幸なことだと思います。

そうなると、自民党の政治運営に慢心が生じかねません。「当分、われわれの天下だ。何をやったって政権を失うことはない」となると、かつてのようなさまざまな問題が出てくる可能性があるということです。

気になる問題があります。安倍晋三政権の経済政策「アベノミクス」には、デフレ克服や持続的な経済成長を実現するための3本の矢があります（Lecture.3参照）。金融緩和や財政出動に続く3本目の矢は成長戦略です。新しい「3本の矢」も掲げました。さまざまな規制を緩和し、経済活動を活発にしようという大方針があるのです。

ところが、2013年の参院選では、業界の利益を優先して規制緩和が進まないようにしようという議員や、**環太平洋経済連携協定**（TPP）［★］に反対する考えを持つ議員が増えたりしました。これも選挙のパラドックス（逆説）といえるかもしれません。

つまり安倍政権は人気があるから、全国で自民党の議員が大量に当選した。ところがその中には、安倍政権の政策に反対する議員も多くいて、政党内部で抵抗勢力が生まれた、という皮肉な結果になったのです。

かつて自民党が安定多数を確保し、政権政党を担っていた時代、政治、官僚、業界から成る3つの関係は「鉄のトライアングル」とたとえられました。「自民党は業界のためにばかり政治をする。国民の方を向いていない。政官業の癒着である」と厳しい批判にさらされていたのです。再びこうした状況が復活しかねない状態になってきているということです。

環太平洋経済連携協定（TPP）
太平洋をとりまく国々が集まり、関税の撤廃や投資などに関するルールを決め、経済活動の連携をする取り組み。日本も2013年、交渉に加わった。

安倍政権による三段階の憲法戦略

国民はこれまでの選挙ではアベノミクスを支持し、安倍政権が長期政権になりつつあります。しかし、本当に自民党は生まれ変わったのかどうか。あるいは、先祖返りをしようとしているだけではないかということを、私たちは見ていかなければならないでしょう。安倍政権は、憲法9条の解釈を変更することによって、歴代内閣が否定してきた「集団的自衛権」の行使を認める判断を下しました。今後は、悲願の憲法改正に向けて、環境整備も含めて動いていくことでしょう。これを国民は、どう判断するのでしょうか。

日本国憲法を変えるべきかどうかについては、いろんな議論があります。北朝鮮が「日本だって無事ではすまないぞ」と危機感をあおれば、「やっぱり自衛隊じゃなくて国防軍にした方がいいのではないか」と、日本国内の世論が盛り上がる可能性があり

Memo

池上教授のメモ

私の知人が……はっきり言えば、マツコ・デラックスさんですが、「どうしても入れたい人はいないけど、こいつだけは落としたいという人がいる。マイナス票というのがあれば、行使するのに」と言っていました。残念ながら、今の選挙制度ではありません ね。

そういうときには、よりましな候補を選ぶという方法もあります。理想の候補はいないけれど、一番悪くない、より悪くない候補に入れることによって、もっと悪い候補を落とす効果があるかもしれないという考え方です。嫌な候補を落とすにはこういう方法もあるのです。

ます。

安倍晋三首相は、憲法改正を自分の内閣の最大の課題だと位置づけています。前回の**第1次安倍政権**［★］ではいろんなことを一度にやろうと急ぎすぎて、結果的に体調を崩して辞めざるを得なくなった。その失敗から学んで、国民の支持を得ることが大切だと考えているようです。

そのためにはアベノミクスで大胆な金融緩和をして景気をよくし、株価を上げて、国民が、「ああ、安倍政権いいじゃないか」と思っ

第1次安倍政権
2006年9月に発足。教育再生や憲法改正の必要性などを訴えたが、閣僚の事務所費問題や消えた年金問題でつまずき、07年夏の参院選で惨敗し退陣した。

〈column〉

質問にタブーはない

私が選挙番組でほかのテレビ局が取り上げない質問をすると、インターネットでは大騒ぎになる場合があります。タブーを破ったと変な評価をする人がいますが、そうではありません。どの局も選挙番組は報道のプロが取り組んでいます。プロにしてみれば、たとえば公明党が創価学会の支援を受けているということは常識なわけです。そんな常識をわざわざテレビでは言わないだけであって、番組を見ている人が、「それを言わないのはきっとタブーであるに違いない」と勝手に思い込んでいる。勘違いをしているのです。

私は政治のプロじゃない人にもわかってもらう番組づくりをしたいと考え、基礎から解説をすることに重点を置いているので、こういう質問も出てくるのです。

てくれるような支持率の高い状態にして、安定多数を確保して憲法改正に進もうと取り組んできたわけです。

まず衆院で圧倒的多数になり、参院でも多数となりました。**憲法96条**［★］にあるように衆院と参院、それぞれで議員総数の3分の2以上の賛成で憲法改正案を出し、国民投票にかけて、過半数の支持が得られれば憲法を変えることができます。

でも、いきなり**憲法９条**［★］を変えて自衛隊を国防軍にするというと、そこまではやりすぎだと思っている人もいる。まず衆院と参院の過半数が賛成すれば憲法改正案を国民投票にかけられるように、改正のハードルを低くする。公明党は憲法９条の改正には反対ですが、憲法を変えやすくするということだけだったらいいでしょうと言われると、建前としては反対しにくいわけですね。

安倍首相は、選挙に勝ち、憲法96条を変えて憲法を修正しやすくする。最終的には憲法９条を変え、自衛隊を国防軍にする。このような三段階の戦略を進めてきたわけです。

中国の防空識別圏設定で緊張高まる沖縄沖で行われた日米共同演習。第2次世界大戦から約70年、日本を取り巻く環境は激変期を迎えている（2013年11月28日）

憲法96条
憲法改正の手続きについて定める条項。各議院の総議員の3分の2以上の賛成と、国民投票による過半数の賛成を必要とする。

憲法9条
戦前の反省から「戦争と武力の放棄」などを明示し、平和憲法の柱となっている条項。

「1票の格差」問題はどうなるのか

ただし、その議論には前段がもう一つあります。それは**1票の格差**[★]をめぐる問題です。長年解決に向けて議論され、選挙制度や選挙区の定数が見直されてきました。参院では隣り合う選挙区を統合する合区《ごうく》という手法によって、定数の「10増10減」を実現しました。

安倍政権発足後に実施された衆院選と参院選の選挙結果については、最高裁判所が「違憲状態」と判断するなど、司法は厳しい判決を下しています。選挙無効とまではしませんでしたが、司法が「憲法違反」「違憲状態」と判断した選挙で選ばれた議員たちが憲法を変えることが、そもそも許されるのかという議論があります。これには憲法学者の誰もが、「それはおかしいだろう」ということになるわけです。

そこで安倍政権は、憲法を改正する前に、憲法9条の解釈を変更して、新しい安全保障法制を導入しました。今後は、憲法改正をめぐって日本は大きく揺れることになるでしょう。

そのときに皆さん方一人ひとりが、日本の憲法をどうすべきなの

1票の格差
選挙区の定数や人口規模の差によって、1票の持つ価値に生じる差のこと。

かということを、問われることになるのでしょう。講義でも、学生から根本的な質問が寄せられたことを覚えています。

「憲法96条を改正して国会議員による憲法改正の発議要件が緩和されたとしても、そもそも国民投票で国民が支持しなければ憲法を改正できないということですよね」

これは実にいい質問だったと思います。つまり、憲法改正案が出て、国民投票がある。国民がみんないいよと言って初めて決まるというのはまったくその通り。だから逆にいうと、衆院と参院の選挙で勝った政権党が憲法を変えるといっても、国民がそれは違うといえば、改正案を葬ることができるわけです。

ただし、この問題点を指摘する学者がいます。それは、国民投票の投票率が何%だったら有効かという問題です。そもそも規定がないので、投票率がうんと低くても高くても、その結果は有効なのです。

たとえば、海外ですと、国民投票の投票率が少なくとも5割を超えていないと、国民の意思を示すことができないという制度のところもあります。

国民投票が2割か3割の投票率だけで決まってしまったら、国民のごく一部の意見だけで憲法が変わるということになる。国民投票が成立するための投票率は何%以上にするという規定をつくっておいた方が、より国民の意識あるいは選択を把握できるのではないかという考えもあります。

日本の選挙では、若者の投票率の低さがよく指摘されます。選挙権年齢は18歳以上に引き下げられました。一票を投じることは、日本の将来に責任を持つということでもあるのです。

世界を取材していて痛感することがあります。それは、世界には皆さんと同じ世代の若者たちが、投票の権利を獲得するために血を流して闘っている国があるということです。ぜひ皆さん、そのことを忘れないでいてください。

〈column〉

憲法を超える存在とは

すべての上に憲法が存在する国家を立憲主義といいます。近代国家の大原則です。憲法の基本的な考え方は17世紀の英国の思想家、ジョン・ロックの社会契約説に基づいています。①人間は生まれながらに自由であり、生まれながらの権利（自然権）を持っている、②その自然権を確実なものにするため、人々は「社会契約」を結び、政府の権力に委ねる、③もし政府が権力を乱用したら、人々はこれに抵抗し、政府をつくり替える権利がある。ただ、一部では憲法の上に党が存在する国もあるのです。

国民投票では、皆さん一人ひとりが
憲法をどうすべきか問われることになります

第二章 Lecture. 7

「働く」ということを考える

スクラムを組み労働歌を歌う三井三池炭鉱労組中央委員会。「総資本と総労働の闘い」といわれる大労働争議となった。1960年4月頃

読者の中には今年、
不安を抱きながら働き始めた人もいれば、
大学や高校に進学して将来の目標に向かって
歩み出した人もいるかもしれませんね。
多くの人々が、これからの長い人生、働き続け、
食べていかなくてはなりません。
バブル崩壊後、「終身雇用」や「年功序列」など
日本的な雇用のかたちは崩れました。
第二章の最後にあたって、日本人の
「働く」ということについて考えてみましょう。

この回では、安倍晋三政権発足後の大手企業を中心とした賃上げの意味と、「会社は誰のものなのか」「会社の寿命は」という問題について整理します。あわせて、戦後の産業史に名を残す経営者たちのメッセージもご紹介します。

異例の賃上げを行った経済界の思惑

2015年春の労使交渉は、2年連続で異例の展開となりました。業績が回復している大手企業を中心に、毎月の給与を底上げする**ベースアップ**（ベア）［★］の実施が相次いだのです。製造業、サービス業など業種や企業規模によってもさまざまですが、月額にして1000〜3000円といったところでしょうか。大手企業の場合、ベアを行うと、正社員のボーナス支給額や退職金といったほかの条件に反映されるケースが多く、プラスの影響が大きくなります。

2008年の**リーマン・ショック**［★］による世界的な景気悪化を経て、経営側と労働組合側は「雇用」か「賃金」かをめぐって厳しい交渉を続けてきました。それなのに、なぜ経営側は姿勢を転換したのでしょうか。

ベースアップ（ベア）
従業員の賃金水準を一斉に引き上げること。年明けから3月にかけて行われる春闘の場で毎年決定される。

リーマン・ショック
米大手証券のリーマン・ブラザーズが、2008年9月に米連邦破産法の適用を申請し破綻。世界中に金融不安が広がり世界同時不況となった。

背景には、安倍晋三政権が掲げる経済政策「アベノミクス」の実現に、経済界が協力しようとしたということがあります。持続的な経済成長を実現するには、賃金を引き上げ、消費を活発にする必要があります。個人消費が活発になれば、やがて企業の生産や投資も伸び、新たなサービスの需要が高まります。企業にとっては業績拡大につながります。賃上げはまさに好循環のきっかけづくりになるのです。

政府にとっては、２０１４年４月からの５％から８％への消費増税に伴う経済への悪影響を、最小限に抑えたかったという思惑があります。２０１７年４月には消費税10％をスタートさせます。この第二章の初めでも取り上げたように、日本は１０００兆円もの「借金」を抱えています。少子高齢社会を迎え、財政状況の改善が喫緊の課題となっているのです。

経済界にとって、政権に協力するメリットはたくさんあります。安倍政権は安定議席を確保し、長期政権となり始めました。将来、国の財政状況が好転すれば、企業税制の改革にもつながり、企業経営の負担を軽くすることもできます。そこで、経済界はベア実施に踏み切るだけの経営状況ではない企業も含めて、中長期的な視野に立って安倍政権に協力したという事情があったのです。

賃上げは景気向上のきっかけづくりになります

その一方で、働く人のすべてが賃上げの恩恵を受けるわけではないということも事実です。大企業というのは日本企業のほんの一握りです。全国の数多くの中小企業にまで賃上げが及ぶのかどうか、注意深く見ていく必要があります。日本の中小企業の経営者は、「回復の恩恵を受けるのは一番最後なのに、悪化するときには一番最初に影響が出る」と思っているからです。

さらに、今や職員・従業員の3人に1人が非正規雇用と呼ばれる立場にあります。女性だけをみると2人に1人という割合です。非正規雇用は、正規雇用に比べて、賃金水準が低い傾向にあり、雇用契約期間などの条件面でも非常に不安定であるという問題点が指摘されていま

す。大手企業の正社員の賃上げが波及していくのかどうか、きちんと分析していかなくてはなりません。

日本が戦後復興期を経て高度経済成長期に入るころ、日本人はまだ皆が貧しく、額に汗して必死に働くことで、豊かになることを実感できました。現代の雇用をめぐる情勢は、明らかに格差が広がっていると言わざるを得ない状況にあるのです。

また、入社しても数年以内に退職する人々が増えているという現状も見逃せません。厚生労働省の調査によれば、就職後3年で退職する若者の離職率は30％を超えたという結果もあります。とりわけ宿泊業・飲食サービス業、教育・学習支援業、医療・福

〈column〉

居心地がいい日本の会社

「会社に入れば定年退職までずっといられる。そうなると会社のために尽くそうという忠誠心が生まれてくる……」。そんな労使協調路線が、日本企業の強さの源泉であるともいわれました。日本的経営には、定年退職まで働き続ける「終身雇用」、年齢が上がると給料が上がり、それなりのところまで出世できる「年功序列」、そして「企業別組合」がありました。

しかし、バブル崩壊を経てグローバル競争時代に突入し、リストラを打ち出す過程で、居心地がいいとされてきた日本的経営が崩れてきています。

祉などの分野で離職率が高いようです。厳しい就職戦線を勝ち抜いて、やっと働く場所を得たのに残念な現象だと思います。

早期退職をしてしまうと、若い世代が職業経験を積みにくくなるほか、正規雇用での再就職口を見つけることが難しくなります。非正規雇用の労働者が増えると、年金制度を保てなくなるのではないかとの指摘もあります。少子高齢社会を迎え、年金財政が一段と悪化すれば、社会政策上の重大な問題にもなりかねません。そこで会社での働き方、労使のあり方について考えさせられるエピソードを一つご紹介しましょう。

労働組合をつくらせた経営者、堤清二氏

2013年11月、作家で、西武百貨店などセゾングループを率いた堤清二《つつみせいじ》［★］氏というカリスマ経営者が亡くなりました。86歳でした。小売業の分野で顧客をひきつけるユニークな戦略を展開しましたが、事業拡大の過程でグループの不動産会社が抱えた巨額負債の処理問題を迫られ、手塩にかけた事業を手放さざるを得ませんでした。それでも、まさに一時代を築いた経営者だったといえるでしょう。

堤清二
1927年生まれ。西武グループ創業者の父の死に伴い、64年流通部門を承継。セゾングループを育てた。辻井喬《たかし》の名前で小説や詩を多数発表。2013年没。

堤氏は東京大学の学生時代、共産主義運動に走っていました。当時の仲間には、今の読売新聞グループのトップである渡邉恒雄《つねお》氏などもいました。

堤氏はその後転向し、共産主義者ではなくなるのですが、経営者として労働者のことを考え、社員に対して労働組合をつくりなさいと働きかけたことがあります。ところが、社員たちは「そんな共産主義者みたいなことはできません」と辞退したそうです。これに対し堤氏は、「これから健全な資本主義社会になるためには、健全な労働組合が必要なのだ」と社員を説得し、ようやく労働組合をつくらせたというのです。

なぜ労働組合が必要なのか。堤氏はこう考えていたそうです。

会社の経営をしていくうえで、個々の社員がどんな思いで働いているのか、経営者はなかなかわからない。あるいは、会社としては成り立っていても、いろいろな問題や矛盾が出てくる。でも、経営者はその矛盾に

セゾングループ創業者である堤清二氏は労働者との対話を重んじた

なかなか気がつかないものである。

もし健全な労働組合があり、組合員がどんな労働条件で働いているのかということをちゃんと見ていれば、そこにさまざまな問題を見つけることができるはずだ。会社の問題や、社員が安心してやりがいを持って働いていないということに気がつくはずだ。気がついたら、それを経営者にぶつけ、それによって会社がよりよい方向に進んでいくだろう。

会社を一人の人間の体にたとえると、労働組合というのは神経のようなものだ。末梢《まっしょう》神経がまひしていたり、問題があったりしたら、それにいち早く気づいてそれを治していく。だから労働組合はそのために必要なのだ。

こういう考え方をしていたそうです。

会社は誰のものなのか

「会社はいったい誰のものなのか」という疑問がよく投げかけられます。経済学でいえば会社は株主のものと説明することができますが、実際には社員や取引先、消費者などを含めると、たくさんの**ステークホルダー**（**利害関係者**）［★］を抱えています。

西武ホールディングス（ＨＤ）が２０１４年４月に上場しました。西武ＨＤは西武鉄道やホテル、プロ野球団「埼玉西武ライオンズ」を運営する会社です。西武鉄道の株式が２００４年に上場廃止になって以来、グループとしてはおよそ10年ぶりの、悲願の再上場でした。

西武ＨＤができる前、グループを率いた**堤義明**［★］氏というワンマン経営者がいました。そうです、堤清二氏の異母弟です。２００４年、西武鉄道の有価証券報告書に記載されている株主構成の比率が、長年にわたって意図的に改《かい》竄《ざん》されていたことが発覚しました。ある特定の株主が、公表している以上の株式を所有していたのです。株買い占めによる企業買収を防ぐ狙いもありました。

堤義明氏は異例の記者会見を開き、有価証券報告書の虚偽記載問題に関する責任があることを自ら説明し、謝罪しました。ところが、そこで株主無視ともいえる驚くべき発言をしました。「（西武鉄道株を）なぜ上場してきたのかわからない。上場しない方が価値が高かったのではないか」というのです。その後、東京地検特捜部の捜査が始まり、企業関係者に自殺者が出るなど大事件となりました。結局、堤義明氏は逮捕されたのです。

ステークホルダー
企業を取り巻く利害関係者のこと。投資家、取引先、債権者、消費者、従業員、地域社会なども含む。

堤義明
１９３４年生まれ。西武鉄道などグループ事業の大半を継承。膨大な不動産運営で事業を拡大。２００５年に証券取引法違反で有罪が確定した。

西武グループはおよそ10年ぶりに株式の再上場を果たしました

その後、西武グループは経営再建のために米投資会社サーベラスから出資を受けました。大株主サーベラスと西武HDは上場計画に際して、株価の水準、鉄道路線の存続や球団運営など事業の合理化策をめぐって対立し、サーベラスによる**TOB（株式公開買い付け）**［★］にまで発展します。株式市場の環境が好転したことも、双方が上場について合意する判断材料になったようです。上場後、サーベラスは保有する株式の一部を売却しています。

会社にはさまざまなステークホルダー（利害関係者）がいる

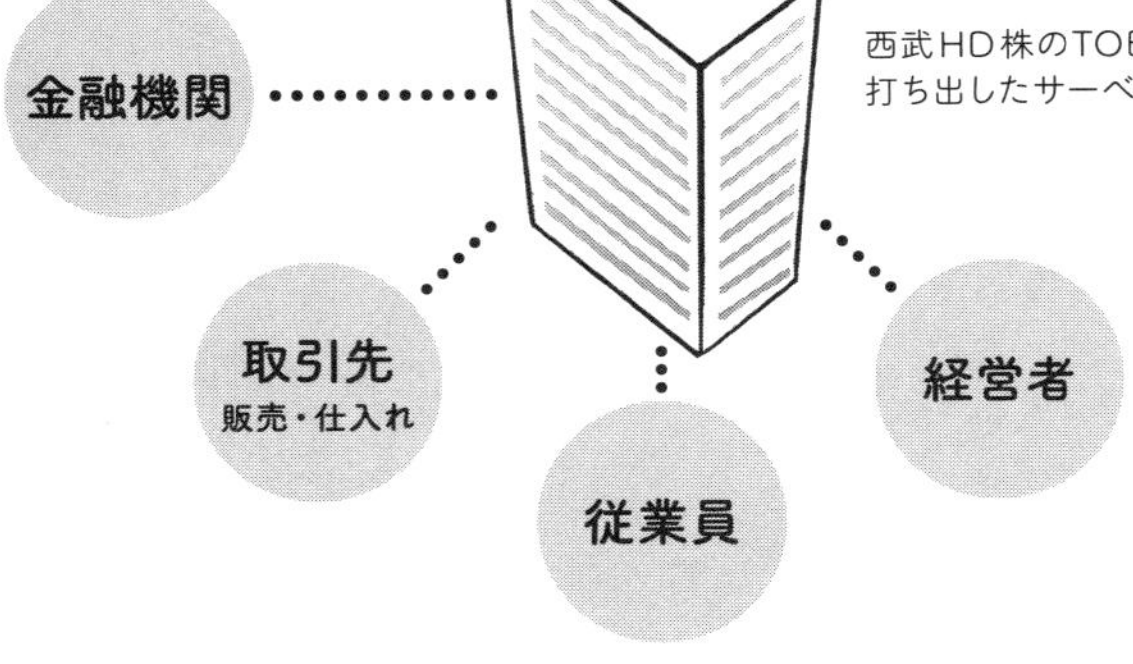

西武HD株のTOBを
打ち出したサーベラス幹部ら

もちろんサーベラスは大株主だから、最大限の収益を受け取るのは当然と考えるでしょう。ただ、西武鉄道には公共交通機関を担っているインフラとしての側面もあります。沿線には大勢の鉄道利用者もいるので、路線が廃止になった場合、非常に大きな影響があります。西武HDのTOBをめぐる攻防は、「会社は誰のものか」という議論に一石を投じたといえるでしょう。

また、2011年に発覚した**オリンパス事件**［★］を覚えていますか。カメラで有名な会社ですが、とりわけ医療機器、特に内視鏡の分野では世界トップクラスの技術を持つ優良企業です。その旧経営陣が、バブルの時代に出した巨額の損失をごまかすために、過去にいくつかの企業を買収して資金が必要になったかたちにして、決算を不正処理していた事件です。

事件が発覚したのは内部告発がきっかけでした。当時の英国人社長がこの問題を知って、それまでの経営陣を追及したところ、逆にクビにされてしまいました。しかし結局、過去の粉飾決算が明るみに出て、社内実力者を含めて経営陣は会社を辞めざるを得なくなりました。

TOB
株式公開買い付け制度。株式の買い取り希望者が、買い付け期間、株数、価格を公表して不特定多数の株主から買い取る方式。

オリンパス事件
2011年に発覚した巨額粉飾事件。1990年代から1000億円を超える損失を隠すため、歴代の経営陣が不正を繰り返していたことが海外でも大きく報道された。

オリンパスという会社はいったい誰のものだったのか。社員はどういう行動をとるべきだったのかということが問われます。内部告発をした社員にしてみれば、愛している会社を正したいと思ったのでしょう。ところが、粉飾決算が明るみに出て株価は暴落し、取引が失われて経営不振に陥ったのです。

内部告発などせずに目をつぶっていれば、そんな事態にはならなかったのではないか。しかし逆に黙認していたら、犯罪行為に加担したことにもなり得ます。２０１５年には、東芝の会計処理がウソだったことも判明しました。皆さん方も将来、会社が法律違反をしている場面に直面したら、どのような行動をとるのか問われるかもしれ

〈column〉

カリスマ経営者の功罪

カリスマ経営者がいて、大きく発展した会社には要注意です。かつてはダイエーが典型例でした。天才的なひらめきで次々に指示し、他社に先駆けて独自のビジネスモデルを展開したことは評価に値すると思います。

ところが、カリスマ経営者というのは、口を出しすぎる傾向があり、結局、社内には「その人の言うことだけを聞いていればいい」というムードが広がってしまうわけです。その結果、無謀な事業計画を食い止めることができなかったり、後継者が育たなかったりといった弊害が起きるのです。

ません。

株式会社の経営に関しては、しばしば「所有と経営の分離」という言い方をします。たとえば、あるカリスマ的な創業者がいて、自分で会社をつくって、どんどん大きくした。それが株式会社になった場合には、所有と経営は分離されていません。

資金を集めるために、一般の人からお金を集めると株主が増えます。株主がどんどん増えると、会社の経営を直接見ていくわけにはいかなくなります。そこで、経営はプロの経営者にまかせましょうということになったのです。

長い歴史を誇る会社も、今はこういう経営のかたちになっています。たとえば、三菱グループも、パナソニックも、ソニーも、創業家一族が大株主としてそのまま経営者になっている状態ではありません。

日本企業の悪習「株式持ち合い」とは

日本ではかつて、会社同士で株式を持ち合うことを重視しました。きっかけは1964年、日本が**経済協力開発機構**（OECD）[★]に加盟したことです。このときに「資本の自由化」が行われ、外国企業が日本企業に投資し、経営権を握ることもできるようになりました。

日本の多くの企業が、株を買い集められて乗っ取られたら大変だ、なんとかしないといけないと考えました。その結果、資本関係の結びつきの強い企業の仲良しグループをつくって、相互に守り始めました。

ところが、よその企業から買収される恐れがなくなると、経営から緊張感が失われました。外国の会社が大株主だと、もっと経営効率を改善しろと圧力をかけられたり、経営責任を追及されたりしてもおかしくありませんが、その恐れがなくなり、「利益が出ていればいいよね」と、なれ合い経営が浸透し始めました。そのため、のちに**株式持ち合い**［★］は批判されるようになっていったのです。

これが大きく変わった理由が2つあります。1つは日産自動車が倒産寸前になり、1999年にフランスの自動車メーカーのルノーが出資して、カルロス・ゴーン氏が送り込まれたときです。ゴーン氏は就任して、「日産がいろんな会社の株を持っているのはどうしてか」と驚いたそうです。「こんな不合理なことはやめろ。株を買っていることで固定されている資金を現金化すれば、新しい投資に使えるだろう」と、株式持ち合いをやめさせたのです。日産の株式を

経済協力開発機構（OECD）
先進国34カ国が加盟する国際機関。経済成長、貿易自由化、途上国支援に貢献することを目的とする。本部はパリ。

株式持ち合い
協力関係にある企業同士が、互いに相手の株式を持ち合うこと。

持っていた企業の間にも、持ち合いをやめる動きが広がっていきました。

もう1つはバブルが崩壊したあと、日本の金融機関の経営が大変厳しい状態になったことです。金融機関もいろんな会社の株を持っていましたが、「そんな経営のゆとりはないだろう。さっさと売ってしまえ」ということになりました。

おおまかにいうと、こうした2つの流れがあって日本的な株式持ち合いが急激に減っ

〈column〉

役員の多い会社

皆さんが就職活動などで企業の会社案内を見たときに、「名誉会長」とか「取締役相談役」とか肩書を持った人がたくさんいる会社を発見したことはありませんか。それはちょっと敬遠した方がいい会社かもしれません。本来、社長がリーダーシップを発揮すればいいはずなのに、その上に実力者がいると、社長は常に社内実力者の意向をうかがうでしょう。社長が決めるべきことなのに、「いったいこの会社は誰が責任者なのか」という話になりかねないからです。

ていったのです。その結果、突出した大株主がいないという状態も珍しくなくなりました。

「総会屋」を恐れた経営者

日本の多くの企業が株式持ち合いをしていた時代、バブルがはじける前ぐらいまで、**総会屋**[★]という存在が影響力を誇示していました。総会屋は会社の経営者、社長などのスキャンダルを探し、株主総会で追及し、混乱させたりする人たちをいいます。会社側としては、そんなことをされては困る。「なんとか穏便に済ませてください。これで勘弁してください」というかたちで総会屋に金品を贈ったり、特別な便宜をはかったりしていたのです。

株主総会を混乱させようという野党総会屋がいる一方で、混乱を抑え込む役目を担う与党総会屋という存在まで現れました。総会屋の数は限られていますから、全国の株式会社が一斉に同じ日に総会をやれば、総会屋が出席できる社数は少なくなるだろうと多くの企業が考えました。そこで、当時は6月末の金曜日に株主総会が一斉に開かれていました。

総会屋
複数の会社の株を少しずつ持ち、株主総会に出席、金品を得る目的で会社や経営者を誹謗したり議事を妨害したりする者。会社法で規制されている。

しかし、いろんな会社の株式を持っている真面目な株主にしてみれば、1社の株主総会にしか出られず、株主としての立場はどうなるのかという不満が募りました。さすがにこれは問題になり、**コンプライアンス**（**法令遵守**）［★］の強化に乗り出した経済界は、総会屋を徹底的に排除しました。

その過程で、企業関係者が射殺されるなど犠牲者を出したことも事実です。企業は相当つらい思いをしながら、総会屋と手を切る努

コンプライアンス
企業が法律などの法令や社会規範を守ること。日本では1990年代後半に企業の不祥事が相次ぎ、強く認識されるようになった。

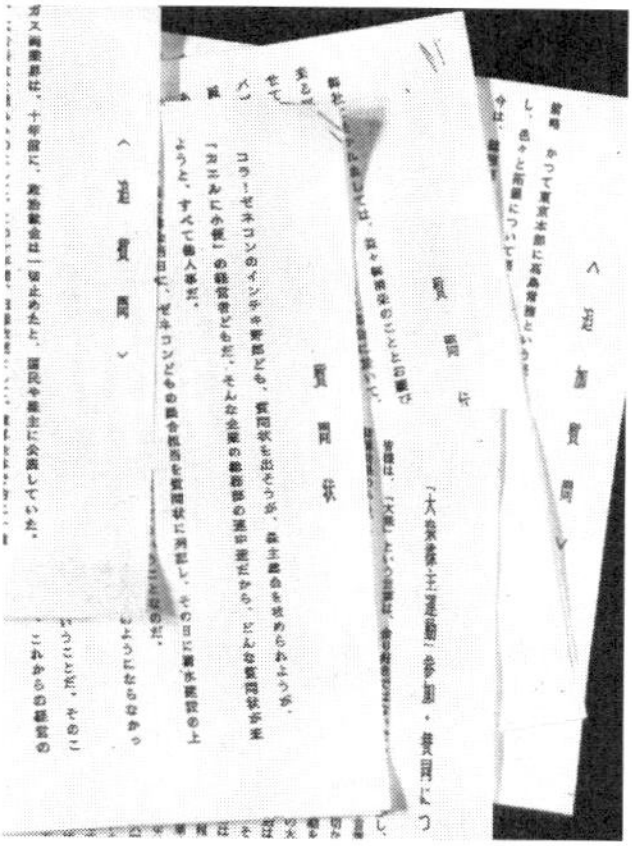

総会屋が企業に送った質問状の数々。関係を断ち切るために企業は大きな代償を払った（1994年6月頃撮影）

力をしたのです（本当に完全になくなっているかどうか、まだわからないところはありますが）。そして、かつてのように6月の末にだけ一斉に株主総会が開かれることもなくなってきました。

会社の寿命と生まれ変わり

そこまでして守ろうとした会社ですが、残念ながら会社にも寿命があります。人間に寿命があるように、会社も結局は生き物と同じなのです。いわゆる有名な大企業に未来永劫《えいごう》安泰だと思って就職をすると、とんでもない間違いになる場合があります。

たとえば、第2次世界大戦が終わった直後、成績優秀な大学生にとって一番人気の業界は繊維産業、あるいは砂糖産業や石炭産業でした。ところが繊維産業は発展途上国に生

産が移り、石炭産業は石油へとエネルギーの主役が交代したことで斜陽化していきます。そんな時代を象徴するのが、「総資本と総労働の闘い」といわれ、日本の戦後史に残る大きな事件となった、1960年の三井三池炭鉱（福岡県など）での**労働争議**［★］でした。時代ごとに最も人気があった企業は、「ふと気がつくと……」ということがいくらでもあるのです。

私は経済学部を出て1973年に就職しましたが、私の同期の成績優秀者は皆、銀行に就職しました。ところが、バブルがはじけてあるときに同期会を開いたら、銀行に残って働いている同窓生は一人もいませんでした。それぞれグループ企業への異動や転籍、銀行そのものの破綻、早期退職などで転職していたのです。

逆にいえば、企業が時代の変化に対応できれば蘇《よみがえ》ることができます。有名なケースは米国のゼネラル・エレクトリック（GE）。名前の通り総合電機産業でしたが、金融事業にも取り組んだ総合的な会社として生き残っています。事業構造の転換に成功したのが**ジャック・ウェルチ**［★］氏という天才的な経営者でした。

一方、経営破綻した米イーストマン・コダックはカメラ用フィル

労働争議
労働条件などをめぐる労働者側と使用者側との争議。労働組合法によって認められているが社会的影響も大きく、法による調整手段が設けられている。

ジャック・ウェルチ
1935年生まれ。米国の実業家。81年から2001年にかけてGE社の最高経営責任者。時価総額世界一の企業に育て上げ、20世紀最高の経営者と呼ばれる。

ムメーカーでした。実はコダックが世界で最初にデジタルカメラを開発したのですが、「デジタルカメラになったらフィルムが売れなくなる。そんなものはやめろ」といって、社内開発をストップしてしまったのです。

日本ではコダックと対照的な企業があります。富士フイルムは写真用フィルムを手がけてきましたが、それだけでは未来がないと考え、基礎技術を活かして医療や素材にも事業を展開していきました。社名は社業の歴史を象徴していますが、新しい事業にどんどん取り組み、大きく発展しているのです。

東レは東洋レーヨンという繊維会社でしたが、高度な繊維技術を駆使して航空機向けや医療機器向けなど新事業を展開しています。事業の柱も社名も時代とともに変わっているのです。

どれだけ生まれ変われるのかということが、生き残りの大きな境目になっています。その会社は何のために存在しているのか、何がその会社の本当の目的なのかを忘れてしまうと、いつしか会社が消えてしまうことになりかねないのです。

松下幸之助を知っていますか？

改革は常に求められています。たとえば、パナソニック。かつて松下電器産業という社名で、創業者で天才的な経営者の**松下幸之助**《こうのすけ》［★］氏がいました。会社が大きくなっていくと、一人で会社全体を見ることができません。そこで、彼は製品ごとの事業部をつくりました。事業部の部長をきちんと管理していれば全体がまわっていくという仕組みにしたのです。これによって松下は大きく発展しました。すでに1930年代に、事業部制に取り組み始めていたのです。

このとき松下は、事業部の運営を独立採算制にしました。必要な資金は本社から借り、まるで独立した会社のように運営させたので

松下幸之助
1894年生まれ。9歳で大阪に出て丁稚奉公を始める。改良ソケットを考案して松下電気器具製作所を創業。松下電器産業を一代で育てた。1989年没。

松下電器産業（現パナソニック）創業者の松下幸之助氏は、戦前戦後を通じて同社を世界的企業に育てた

す。一定水準の利益を本社に納めれば、残った資金を事業部で使える範囲も広げました。さらに3年間だけ赤字を認める仕組みにしました。一生懸命働く意欲を導き出すための新しい手法でした。

しかし、事業部制はやがて壁にぶつかります。短期的にもうかれば事業部長として出世できるのですから、新しい取り組みには手を出さないでおこうと守りの経営に陥ったのです。そこで新たな改革に乗り出し、成長のための努力を続けました。

パナソニックになってからも韓国勢など海外企業との厳しい競争に勝ち抜くため、さまざまな経営改革を打っています。日本の歴史の長い企業は、いくつもの壁を乗り越えながら自ら変わるための改革を実行し、生き残ってきました。

ホンダのように、戦後に急成長して存続できた会社は、きちんとした後継者がいたということですね。あるいは社長をきちんと補佐する人材がいた。あるいは社長にあえて直言し、「社長、それは間違っていますよ」ときちんと言える人材がいて、それを認める社長がいた。そういう会社は今も存続しているということです。

「働く」ということの意味

長生きしている会社は、やっぱり社会的に意味のある仕事をしていたり、みんなに喜ばれるような商品をつくり出したりしているから、存続できているのだと思います。

学生の読者には、そういう観点から将来、会社選びを考えてもらえればと思います。

もちろん、社会的に意味のある仕事をする会社を起業するのも選択肢としてあります。人間というのは社会的な存在です。たった一人では生きられません。社会の中でしか私たちは生きることができない。そして、仕事をしたとき、どういうときに生きがいが得られるのか。それはやはり、自分がやった仕事によって誰かが喜んでくれる、

ホンダ創業者の本田宗一郎氏（左）は終生、技術を高めることに尽力した＝ホンダ提供

自分が認められるということが、生きがいにつながるのだと思います。

皆さんが企画や営業をしたり、研究者や技術者になったりして、その中で何事かを成し遂げたとき、誰かに喜んでもらえるものをつくり出せるような会社に勤めるということが一つのやりがいなのでしょう。さらにそのつくり出した商品が売れることによって、その会社は存続できるのです。

そして今、働く人々の現場で何が起きているのか。**ブラック企業**［★］という表現を聞いたことがあるでしょう。入社してみたら、賃金の支払いが悪く、長時間労働が常態化していたり、セクシュアルハラスメントやパワーハラスメントが野放しになっていたりといった、労働条件・環境が非常に悪い会社のことです。

大手企業や有名企業であっても、そうした疑いのある会社がありそんな状況になったとき、あなたの会社にある労働組合は対処できるのでしょうか。

経営状態が悪くなって、リストラしなければいけない。でも、「社員を解雇する」というと、「あの大手企業はなんて無慈悲なヒドイ会社なのだろう」と、イメージダウンにつながる。そこで、社員に

ブラック企業
違法または悪質な労働条件で働かせる会社。長時間労働、過剰なノルマ、セクハラやパワハラ放置、労働者の使い捨てなどが指摘される。

自分から辞めてもらう仕組みをつくった会社があるというのです。

たとえば、新たな進路を見つけてもらうため、自己啓発のためといって、机とイスしかない部屋に異動させる。何十人も座って、朝から晩まで待機しなければいけないという状態にしたというのです。

そんな状態になったらどうなるのか。自分の立場で考えてみてください。

〈column〉

長生きの「リスク」に備える保険

日本は高齢化社会を迎えました。皆さんが働いて保険料を納める年金制度はどんなリスクに備えるものなのか、考えたことはありますか。経済学的にいえば「長生きのリスク」に備えるものです。長生きは本来、めでたいこと。ところが長生きしてお金があればいいけれど、収入がない、蓄えがない、生活していけないというリスクに備えるものが年金なのです。

でも、たとえばせっかく雇用保険に入っているからといって失業する人はいませんね。健康保険料を払っているから病気になって取り戻そうと考えるのは、そもそもおかしいでしょう。保険料をずっと払っていても取り戻さないことが一番なのです。年金を受け取らずに済めば、それはとても幸せなことのはずなのです。

会社が生き残るには、絶えず革新が必要です

この会社に必要とされていないという絶望感から、社員は辞めていくわけですね。自己都合退職となるので、会社側は退職金などを上積みしなくて済むのです。

将来、皆さん方が就職するときにも、「働く」ということは十分に考えなければいけない問題です。欧米なら労働組合が立ち上がったり、あるいは労働組合をつくったりして闘うことがよくあります。戦後の日本には次々に労働組合ができましたが、本当の意味での強い労働組合になかなかなれなかったのかもしれません。

今になって、そうした弱点が「ブラック企業」などのさまざまな問題に対処できないという事態になって表れているのではないかと思います。それは、これからも考え続けなければならない問題です。

堤清二氏が社員にあてたメッセージの意味を、いま一度、考えてみる価値があると思うのです。

働く意味を、十分に考えなければなりません

Memo

池上教授のメモ

第2次大戦後から現代まで、日本はどのような歩みを経て、これだけ豊かな国になったのか。そして今、日本はどんな問題を抱えているのか。私がこうした視点を大切にしていきたいと考えるようになった理由があります。それは外国人に日本のことを聞かれても答えられない経験をしている日本人が、意外に多いことです。海外にいる日本人留学生も同様です。

学校の定期試験や大学の入学試験に正しい答えを解答するためだけではなく、人間としての幅広い教養を身につけ、日本の将来を考えていくうえでも、現代史を知ることはとても重要なことです。

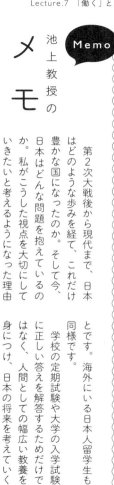

第三章

戦後世界のかたちを学ぶ5つのテーマ

1945年2月、ヤルタで会談する（前列左から）チャーチル英首相、ルーズベルト米大統領、スターリン・ソ連首相。第2次世界大戦が終結する前、世界は新たな対立構図に直面し始めていた＝共同

第三章 Lecture.8

勝者が世界を二分した東西冷戦

「20世紀を象徴する1枚の写真は？」
こう問われたら、どんな風景を思い浮かべるでしょうか。
右ページにある、米国、英国、ソ連の3首脳らが
勢ぞろいした会談の写真を見たことはありませんか。
舞台は第2次世界大戦末期、ウクライナ南部の
クリミア半島の温暖な保養地ヤルタです。
ドイツと日本が降伏する前、
〝勝者〟たちは大戦後の世界支配の筋書きを描き、
のちに世界を東西に引き裂くことになる
「冷戦」の駆け引きを始めていたのです。
戦後世界を覆った冷戦と、今に残る影響について
考えてみましょう。

この回では第2次世界大戦後、世界が米ソ対立による「東西冷戦」に陥り、断絶していった過程を振り返ります。冷戦終結のきっかけになった、社会主義国の行き詰まりの背景、冷戦終結後の現代の課題についてもお話しします。

戦後の世界を議論したヤルタ会談

1945年2月、当時はソ連の一部で、黒海に突き出したクリミア半島（2014年3月にロシアがウクライナから併合）のヤルタに、ルーズベルト米大統領、チャーチル英首相、そしてスターリン・ソ連首相が集まりました。連合国のリーダーが、第2次大戦後の世界のあり方をめぐって議論したのです。

ちなみに親EU（欧州連合）派と親ロシア派が衝突しているウクライナ（Lecture.12参照）は、かつてのソ連を構成する15の共和国の一つでした。1991年のソ連崩壊後に独立を宣言しています。天然ガスのパイプラインが通るなど、東西の経済圏を結ぶ要衝にあります。その歴史をたどると、東部はロシアに、西部は近隣のポーランドに支配されていた時代も長く、大国による勢力争いに翻弄されてきました。地域的には東・南部にはロシア系民族が多く、中・西部は親欧志向が強い傾向があります。クリミア自治共和国に親ロシア派が多いのは、こうした事情があるからです。

ヤルタ会談［★］では、ドイツが支配していた欧州地域において、戦争が終わったあと選挙を行い、国民を代表する政府を設立することで一致していました。このほかソ連の対日戦参戦などを容認し、戦後の国際連合の枠組みなども話し合われました。大戦終結を見越して、「戦後世界のかたち」を議論していたのです。

なぜヤルタで会談をしたのかというと、**スターリン**［★］は大変疑い深い人物だったからです。飛行機で移動すれば攻撃にあって撃墜されるかもしれない。そこで、鉄道で移動できることが会談場所を選ぶ条件にあったのです。この疑い深さが、のちにヤルタ会談の結

〈column〉

「20世紀の一枚」の裏話

206ページの写真を、世界史の教科書などで見たことがあるかもしれません。実は、一番右に着席しているソ連のスターリン首相の椅子は、座ると実際よりも少し高く見える工夫が施してありました。側近らが、長身のルーズベルト大統領の横ではスターリン首相が小さく見えてしまうことを心配したためだそうです。20世紀を代表する一枚の写真にも、こんな裏話があるのですね。

ヤルタ会談
1945年2月4〜11日、米・英・ソの首脳らで行われた会談。戦後の国際秩序に関わるさまざまな重要事項が取り決められた。

スターリン
1879年生まれ。レーニン死後、一国社会主義論を唱え1936年新憲法を制定。反対派の粛清を行った。戦後は東欧諸国の社会主義化を推進した。53年没。

果にも大きな影響を及ぼしていきました。

大戦終結後、米国、英国、フランスは占領地域で、国民による自由な選挙を実施しました。ところがソ連は、ヤルタでの約束を守りませんでした。ソ連に隣接した国々で、ソ連寄りの社会主義政権を設立していったのです。これがのちにソ連を中心とする東欧諸国をかたちづくっていくことになりました。

たとえばポーランド、ハンガリー、東ドイツです。例外的にチェコスロバキア（現在はチェコとスロバキアに分離）では、当初は選挙によって共産党を含む連立政権ができました。ところが、共産党が軍を動かしてクーデターを実行。社会主義による独裁政権を樹立してしまいました。アジアでは、北朝鮮にソ連寄りの政権を樹立しました。

スターリン首相は、異常なほど猜疑心《さいぎしん》の強い人物で、自分の国を守るためには手段を選ばないリーダーでした。というのも、ソ連では第２次大戦で、ドイツの攻撃などによって２０００万人以上の国民が亡くなっています。２６００万人を超えたという記録もあります。「この悪夢を二度と起こしたくない」という強い恐怖感にとらわれていたといわれています。

そこでソ連と国境を接している国、ソ連に地理的に近い国を、次々と社会主義に仕立て上げていきました。「西ドイツやフランス、米国が攻撃してき

大戦中、あまりにも多くの国民を失ったことで、
スターリンは強い恐怖感にとらわれていました

ても、まずは盾となって戦ってくれるだろう。周辺の国々を資本主義諸国からの緩衝地帯にすることで、自分の国を守ることができるはずだ」と考えたのです。

「ソ連封じ込め政策」と「鉄のカーテン」

ヤルタ会談から1年後の1946年2月。モスクワの米国大使館に代理大使として派遣されていた外交官のジョージ・ケナン氏が、当時のソ連を分析した重大な報告を本国へ送りました。

その中で、「ソ連という国は、生半可なことでつきあっていけるような国ではない。とにかくまったく異質の存在である。何としてもソ連がこれ以上の勢力を世界中に広めていくのを抑え込まなければいけない」という「封じ込め政策」を提言したのです。

米政府はこの提言を受け入れました。ケナン氏はモスクワから呼び戻され、米政権の対ソ連戦略を練る要職に就きました。

米国には外交専門誌『Foreign Affairs（フォーリン・アフェアーズ）』があります。「外国のできごと」「外国の事例」とでも訳したらよいでしょうか。米国のシンクタンク「外交問題評議会」が発行している、歴史の長い専門誌です。

米国が外交政策を大きく変えようとしているときは、この『Foreign Affairs』に提案論文が掲載されることが多いのです。米政府はその論文に対する世の中の反響を見て、「この新しい方針が支持されるかどうか」「賛成が多いのか反対があるのか」を観測します。ケナン氏は、1947年に署名者Xという匿名で、「ソ連を封じ込めるべきだ」という内容の論文を書きました。

1946年には、**鉄のカーテン**［★］という言葉が注目されるようになりました。これは英国首相を退いたチャーチル氏が、米国の大学で講演したときに使った言葉です。

「バルト海のシチェチンからアドリア海のトリエステまで欧州大陸を横切る鉄のカーテンが下ろされた。このカーテンの裏側には、中欧・東欧の古くからの国々の首都がある」――。

第2次大戦までドイツが支配していた欧州の地域は、連合国軍によって解放後、早くも米国をリーダーとする資本主義の西側陣営と、ソ連をリーダーとする社会主義の東側陣営へと分割され始めていました。

まるで鉄製のカーテンが下りてしまったかのように、かつては結びつきのあった国々との交流の窓口が閉ざされ、うかがい知ること

鉄のカーテン
第2次大戦後、東欧の社会主義圏の閉鎖的態度に対し、資本主義諸国が風刺した語。チャーチルが演説で用い、冷戦の到来を予想した。

すらできない鎖国のような事態に陥っていたのです。チャーチル氏はこうした様子を「鉄のカーテン」にたとえ、ソ連の動きには注意すべきだと、米国民に警鐘を鳴らしました。

のちに、国際政治や外交の分野で**冷戦**[★]という言葉が定着していきます。これは文字通り「Cold War」を直訳したものです。この言葉は1947年、米国のジャーナリストであるウォルター・リップマン氏が、"The Cold War"という本を書いたことがきっかけで知られるようになりました。当時の世界は米国陣営とソ連陣営に分かれ、実際に銃を撃ち合い、爆弾を落とし、殺し合うような戦争はしていないけれども、

〈column〉

ソ連はなぜ東なのか

東西冷戦時代、米国グループを西側陣営、ソ連グループのことを東側陣営などと呼びました。なぜ「東西」と表現するのでしょうか。これは、欧州の人々が使う世界地図の中心に欧州があるためです。欧州より東側にあるのがソ連、西側にあるのが米国です。ちなみに日本は、この地図の一番東の端にあります。だから極東というのです。

いつ戦争になってもおかしくないにらみ合いを続けていたという緊張状態を表現したものです。

トルーマン米大統領が唱えた「善と悪」

第2次大戦末期、米国が核兵器の開発に成功し、日本に原爆を投

冷戦
第2次大戦後の資本主義陣営と社会主義陣営との緊張状態のこと。直接の武力衝突がないためこう呼ばれ、非常に激しい対立が40年以上続いた。

下しました。ソ連も続いて原爆を開発して、実験を始めていました。冷戦下、米ソ両陣営の間で核兵器や軍事技術の開発が加速していきました。**大陸間弾道ミサイル**（**ＩＣＢＭ**）［★］の開発によって、相手の国を直接、核攻撃できる能力を持ったのです。

そもそも原爆が使われるようになったのは、第2次大戦中にドイツの科学者が発表したウランの技術研究論文を基にして、米国が総力をあげて開発に取り組んだことがきっかけです。極秘の国家プロジェクト、**マンハッタン計画**（Lecture.4 参照）と名づけられました。

つまり、「ウランの核分裂を利用すると、とてつもないエネルギーが出る。これを活用すれば、ものすごい威力を持った爆弾をつくれるはずだ」と考えたわけです。そこで、全米から1万人にもおよぶ物理学者や数学者を集め、ウランの核分裂を利用した新しい爆弾をつくるための研究をスタートさせました。

当時、米国には**ナチスドイツ**［★］に対する危機感がありました。「ドイツの科学者がウランを研究していたのは、原爆をつくろうとしているからではないか」と疑ったわけです。当時のナチスドイツは、欧州各国を次々に占領し、ウラン鉱山のあるチェコスロバキアも支

大陸間弾道ミサイル（ＩＣＢＭ）
有効射程が５５００キロ以上の弾道ミサイルのこと。

ナチスドイツ
第１次大戦後、ヒトラーを党首に「国家社会主義ドイツ労働者党」（通称ナチス）が独裁政治を断行。ヨーロッパ征服を目指していた。

配下に置いていました。

米国はおよそ3年で原爆を実用化したとみられています。ウランの濃縮によってつくるウラン型原爆と、ウランを原子炉で燃やすことによって出てくるプルトニウムを精製して製造できるプルトニウム型原爆の2種類です。1945年8月、ウラン型原爆を広島に、プルトニウム型原爆を長崎に、それぞれ投下しました。

ところが、マンハッタン計画に集められた科学者の中に、ソ連のスパイが紛れ込んでいたのです。計画には英国の科学者も派遣されていたのですが、その中に社会主義の思想を支持する人物がいて、米国での原爆の開発情報をソ連に伝えたとされています。これによって、ソ連の核開発が大きく進みました。

第2次大戦後、東西冷戦を背景に原爆開発は加速しました。ひとたび全面核戦争になれば、どちらの国も全滅してしまう事態になりかねませんでした。互いの強大な軍事力の脅威が戦争を抑止するという、皮肉な事態が続いていきました。

「ソ連の封じ込め」政策をふまえ、1947年、米国のトルーマン大統領がギリシャとトルコへの支援をめぐって議会を説得する際、

トルーマン・ドクトリン
1947年、トルーマン米大統領が発表した外交方針。世界的規模での反ソ反共政策を提唱した。その主張は北大西洋条約機構（NATO）などに受け継がれた。

トルーマン・ドクトリン［★］を打ち出します。ドクトリンというのは、「戦略」とか「方針」とかいう意味です。

その内容を簡単に説明すると、「世界は自由主義と共産主義の戦いである。米国を中心とした自由主義は善である。それに対して、ソ連を中心とした共産主義は悪である。世界は善と悪の戦いだ」というわけです。とにかく共産主義に負けないようにしなければいけない。そのためには、発展途上国などがソ連圏に入っていかないように経済支援を強めることが必要だとして、場合によっては、政権に介入してでも共産主義が広がるのを食い止めようとしていきまし

議会への特別教書演説で、「トルーマン・ドクトリン」を宣言するトルーマン大統領（中央）。1947年3月12日＝AP／アフロ

た。

国民から選挙で選ばれた政権が、ソ連寄りの方針を出したり、反米的な方針を出したりしたら、**米中央情報局**（ＣＩＡ）［★］が介入し、クーデターでひっくり返すようなことを水面下で仕掛けていたのです。その一方で、共産主義という悪と戦うためであれば、国民を弾圧し、殺してしまうような独裁政権であろうと認めたわけです。つまり黙認です。まさに本末転倒ですね。

トルーマンの宣言によって、米ソ対立は決定的になっていきました。やがて米ソの代理戦争というかたちで、１９５０年に朝鮮戦争が勃発し、その後はベトナム戦争の戦火が拡大して泥沼化していきました。

トルーマン・ドクトリンが発表されたころ、日本では米国を主体とするＧＨＱ（連合国軍総司令部）による占領政策が続いていました（Lecture.4参照）。日本政府が日本国憲法を制定し、政治や経済の民主化政策を推し進めていた時期です。日本の戦後は好むと好まざるとにかかわらず米国陣営に属し、冷戦の枠組みの中から再出発せざるを得なかったのです。

米中央情報局（ＣＩＡ）
１９４７年に設立された大統領直属の政府機関。外交・国防上の政策決定に必要な情報の収集、特に反米的団体や他国政府の監視、情報収集を主に行う。

東西に分割されたドイツとベルリン

20世紀の世界史に残る冷戦を象徴するできごとは、**東西ドイツの分割**［★］でした。

ナチスドイツの欧州占領に対し連合国軍が反撃する過程で、ドイツの東側からはソ連軍が、西側からは米軍や英国軍が攻撃していきました。そして、ドイツを流れるエルベ川を境に、東側をソ連、西側を米国、英国、フランスが分割占領することになりました。

東西ドイツの分割
1949年、西側に資本主義の「ドイツ連邦共和国」、東側に社会主義の「ドイツ民主共和国」が建国され、国家が分断された。

〈column〉

米国が分ける善と悪

米国は世界を「善」と「悪」に分けたがる傾向があるようです。資本主義と社会主義の戦いであると宣言したトルーマン大統領だけでなく、テロ（＝悪）との戦いを宣言したブッシュ大統領も同じです。テロ行為を働く武装集団だけでなく、テロリストをかくまう者も同罪だと宣言し、軍事介入を断行したのです。

占領直後から、東西ドイツは別々の道を歩み始めました。ソ連はドイツの東側を占領後、土地改革に乗り出しました。１００ヘクタール以上の土地をすべて国有化し、重工業など基幹産業も国有化し、次々とソ連式の支配を強めていきました。

一方、西側では、日本の都道府県にあたるような州政府を組織させて、その代表を集めて新しい憲法をつくらせました。ちょうど米国型の国家体制のように、非常に権限の強い州の集合体として国家を築いたのです。

東ドイツ側にあるベルリン市でも、４カ国による共同管理が始まりました。ソ連が東ベルリン側で、ナチスドイツ時代の印刷機を使って紙幣を大量に印刷し、占領に必要な紙幣を流通させようとしたのに対して、西ベルリンでは１９４８年、米国、英国、フランスが独自の通貨を発行し始めます。これにソ連が猛反発し、**ベルリン封鎖**［★］を強行しました。市民を人質に取って、通貨の発行をやめさせようと圧力をかけたのです。

西ベルリンにはドイツの西側と往来ができるように、鉄道と無料の高速道路が通っていました。途中で降りることはできませんでし

ベルリン封鎖
１９４８年、米英仏の占領地区から西ベルリンに至る陸上交通路をソ連が封鎖。翌年に解除されたが、ドイツの東西分裂が決定づけられた。

たが、交通手段はありました。無料の高速道路はアウトバーンと呼ばれます。ナチスドイツが第1次大戦後の混乱から国内経済を復活させるために、ドイツ全土で繰り広げた公共事業でした。この鉄道と高速道路が閉鎖されたのです。

当時、西ベルリンには225万人の市民がいました。そこで米国は、市民に食料や物資を送り届けるために、「空の架け橋作戦」を実行しました。西ベルリンには空港が2つありましたが、さらに臨時の空港も建設。ドイツの西側にある3つの空港から輸送機を飛ばし続け、生活物資を届ける一大作戦を決行したのです。なんと最盛期には、輸送機が1分おきに飛び立っていったそうです。飛行回数は延べ27万7000回にものぼったという記録があります。

米国は、「何としても西ベルリンの市民を守るぞ」と行動で示したのです。結局、ソ連は陸路を封鎖しても成果を得られず、1949年5月に解除しました。封鎖は約1年続いたのです。

欧州は2つの軍事組織に分けられた

1949年9月に西側ではドイツ連邦共和国が成立し、10月には東側でドイツ民主共和国が成立しました。ドイツが国家として分割され、東西冷戦をめぐる緊張は欧州全体に波及していきました。

同年4月には西欧諸国と米国、カナダが参加して**北大西洋条約機構（NATO）**［★］が設立されていました。いわゆる集団的自衛権（Lecture.5 参照）に基づいてつくられた軍事組織です。

西ドイツをはじめ西側諸国にしてみれば、「ソ連あるいは東ドイツ、ポーランド、チェコスロバキアといった東側の国々が攻めてきたときに、自力ではとても守り切れないだろう。みんなで国家を守ろうではないか」と危機感を強めていたわけです。

一方で、1955年には**ワルシャワ条約機構**［★］が設立されました。ソ連や東欧の国々が「西ドイツや米国、フランスが攻めてきたらどうなる。みんなで守ろう」と結束したものですが、実態はソ連軍中心の軍事組織でした。

冷戦時代、東西ドイツをめぐる象徴が**ベルリンの壁**［★］です。ベルリンの壁は、東西ドイツの国境を分断していた壁だったと勘違いしている人が意外にいますが、当時、東ドイツの中にぽつんと孤島のように存在していた都市が西ベルリンでした。東ドイツ内にある西ドイツの飛び地であるこの西ベルリンを、ぐるりと取り巻いていた壁がベルリンの壁です。

北大西洋条約機構（NATO）
1949年、西欧諸国、米国、カナダで結成された軍事機構。冷戦後は東欧諸国も加盟し、現在28カ国で構成。

ワルシャワ条約機構
1955年にソ連と東欧の社会主義国がワルシャワ条約に基づき結成した軍事機構。冷戦終結で91年に解体。

ベルリンの壁
1961年、旧東ドイツ政府が住民流出を防ぐために建設した、二重のコンクリートと有刺鉄線などによる壁。89年11月に崩壊した。

東ドイツはソ連式の社会主義体制となりました。みるみる個人の自由が失われ、土地を取り上げられる事態になりました。このため東側のドイツ民主共和国から西側のドイツ連邦共和国へ多くの人々が逃げ出していったのです。ベルリンの壁ができるまでの間、358万人が西側に逃亡したとみられています。

事態を放置しておくと、東ドイツは国家として成り立たなくなる恐れがありました。危機感を強めた東ドイツ政府は、西ベルリンへ入れないように、壁を建設し始めたので

1989年11月10日、「ベルリンの壁」に上って国境開放を喜ぶ東西ドイツ市民。この翌年にドイツは再統一を果たした＝AP／アフロ

東ドイツの国民は自由を求め、西側へと逃げ出しました

す。1961年のことでした。

冷戦は「ヤルタで始まりマルタで終わった」

壁の総延長は155キロにもおよびました。東側では壁からおよそ100メートルの幅の緩衝地帯を設けました。その一部には砂地をつくり、逃げようとする人の足跡がついて、脱出を発見しやすいようにしました。

ベルリンの壁が崩壊したあと、壁のあった場所のあちこちに、小さな十字架のマークが残されています。それは壁を越えようとして射殺された人々を表しています。壁ができたあと、5000人以上の東ベルリン市民が壁を越えて脱出しているのですが、

2011年8月13日、ベルリン。壁の構築着手から50年にあたるこの日、かつてこの壁を乗り越えようとして射殺された市民を追悼する式典が開かれた＝ロイター／アフロ

100人以上が犠牲になりました。

東西ドイツに分割されたことによって、深刻になった問題は経済格差です。米国など西側諸国は、西ドイツの戦後復興に協力し、民主的に経済発展させる方針を採りました。というのも、第1次大戦後、戦争を引き起こしたドイツに対して莫大な賠償金を課して苦しめたことが、結果的にナチスドイツの台頭を許し、第2次大戦の引き金になったという反省があったからです。

これに対し東ドイツでは、社会主義経済体制の下で人々はいわば公務員となり、実績を上げなくても職を失うことはなく、一定水準の給料も得ることができました。農

〈column〉

バナナが食べたい東ベルリン市民

ベルリンの壁が崩れたあと、多くの東ベルリン市民が西ベルリンを訪問しました。この人たち一人ひとりに西ドイツの100マルク紙幣が贈られました。その紙幣を握った東ベルリン市民が、まず向かったのがバナナの屋台だったそうです。人々は「バナナという高級品を一度食べてみたかった」というのです。

地も集団農場になりました。その結果、人々の競争がなくなり、労働意欲も薄れ、生産性がどんどん落ちていったのです。

東西ドイツが統合されたとき、ドイツ経済はどん底に落ちました。当時の西ドイツは世界トップレベルの経済水準で、東ドイツも社会主義圏の中ではトップレベルの経済水準だったはずでした。ところが一緒になったら、西ドイツ経済が地盤沈下する事態に陥ったのです。この事実をつきつけられ、韓国は北朝鮮との統合に対する意欲が薄れたといいます。

国家の発展を決める大きな要因は、経済体制や政治体制なのだということが、歴史から学べるのではないでしょうか。

ベルリンの壁が崩れたのは１９８９年11月のこと。ソ連や社会主義陣営にあった東欧諸国は経済状況が悪化し、国民の生活は疲弊し、国家の立て直しを迫られていました。

1989 年 12 月 3 日、地中海のマルタでブッシュ米大統領（左）とゴルバチョフ・ソ連書記長が会談し、冷戦の終結を宣言した＝AP／アフロ

冷戦に大きな転機が訪れたのは同年12月です。米国のブッシュ大統領（パパ・ブッシュ）とソ連のゴルバチョフ書記長が、地中海のマルタ島で首脳会談に臨みました。そこで、「冷戦の終結」を宣言したのです。トルーマン・ドクトリンから42年がたったこの会談で冷戦は終わり、「ヤルタで始まりマルタで終わった」といわれました。やがて1991年にソ連は崩壊し、現在のロシアが誕生することになりました。

社会主義による国づくりはなぜ挫折したのか

ここでロシアにつながるソ連の歴史をおさらいしておきましょう。ソ連は正式には「ソビエト社会主義共和国連邦」という名称でした。1917年にレーニンが率いた**ロシア革命**［★］によって帝政ロシアが崩壊。1922年に誕生した国です。

そもそも「ソビエト」という言葉には「評議会」と

1917年、ロシア革命時のペトログラード（現サンクトペテルブルク）の様子。革命を経てソ連が誕生し、20世紀の世界に大きな影響を及ぼした＝AP／アフロ

いう意味があります。建前としては、社会主義を目指すロシア、ウクライナ、アゼルバイジャンなど15の共和国が集まって連邦を組織しましたが、主導権を握っていたのはロシアでした。

中心になったのはロシア社会民主労働党です。これがその後、ソ連共産党に改名します。「資本主義では、激しい競争の結果、資本家、経営者が大きな力を持ち、労働者が搾取されてしまう。景気の好不況の波が発生し、恐慌と呼ばれる状態に陥り、労働者が路頭に迷う事態を解決しよう」と考えたのです。

その理論的な支柱となったのが、ドイツの経済学者**カール・マルクス**[★]です。著書『資本論』の中で資本主義経済のメカニズムを分析し、これがいかに非人間的で、労働者にとって不利であるかということをいいました。

国家に極端な好不況の波が生じないように経済をコントロールし、働く人々の格差をなくし、豊かに暮らせる国家を実現するという理想自体は素晴らしい考え方だと思います。しかし、実践することはそう簡単ではありませんでした。

国家が土地や生産手段を国有化し、みんなで働いて平等に報酬を

ロシア革命
ロマノフ王朝の専制支配に対する不満を背景に起こった、1905～17年の一連の革命。史上初の社会主義政権国家の樹立につながった。

カール・マルクス
1818年生まれ。ドイツの経済学者、哲学者、革命家。資本主義経済を分析、批判し、マルクス主義を創始。主著に『資本論』。83年没。

得られるようにする一方で、働く人々の意欲や競争意識が損なわれました。創意工夫は生まれず、労働生産性が落ちてしまったのです。計画経済によって、資源を有効に使っているはずなのに、商品の使い勝手が悪かったり、魅力がなくて売れ残ったりして、資源の無駄遣いも起きました。

通常なら、政治、経済、社会の問題点をマスコミが報道すれば、政治家や人々が気付いて、改善するでしょう。ところがソ連には報道の自由はありませんでした。その結果、ソ連の政治家たちも、国内でどんな問題が起きているか把握できなくなっていたのです。

こうしてソ連の経済は停滞し、競争力を失い、弱体化して国家の立て直しが避けられなくなりました。これが、東西冷戦を終結させることになった大きな要因の一つです。

あっけなく訪れたソ連の終焉

1985年、ソ連共産党に54歳の若き指導者、**ゴルバチョフ書記長**［★］が就任し、国家の立て直しに乗り出しました。再建には3つのキーワードがありました。「ペレストロイカ（改革）」「グラスノスチ（情報公開）」、そして米国との関係改善を進める「新思考外交」。いわゆる「冷戦の終結」です。

ソ連の経済停滞が、冷戦終結の大きな要因となりました

ゴルバチョフ書記長は、外交分野では冷戦終結や核軍縮に成果をあげましたが、一方で国内改革は道半ばで頓挫しました。急速な改革に危機感を抱いた共産党保守派がクーデターを起こし、モスクワを離れて静養中のゴルバチョフ書記長を軟禁状態に置いたのです。１９９１年８月のことです。

このクーデターに立ち向かったのが、ソ連を構成する共和国の一つだったロシア共和国の**エリツィン大統領**[★]でした。

ソ連共産党の保守派が指示を出しても軍は言うことを聞こうとせず、むしろエリツィン大統領の下に集まり、クーデターは失敗します。結局、

1990年のゴルバチョフ書記長。ソ連の改革を進めたが、再建することはできなかった＝AP／アフロ

ゴルバチョフ
１９３１年生まれ。85年、共産党書記長に就任。諸改革に取り組み東西の軍縮、緊張緩和を推進。91年ソ連の解体とともに辞任。90年ノーベル平和賞受賞。

エリツィン
１９３１年生まれ。85年モスクワ市共産党第一書記となりゴルバチョフ政権下で改革を推進。91年の国民投票でロシア共和国大統領に就任。２００７年没。

首謀者らはみんな捕まってしまいました。ゴルバチョフ書記長は解放され、モスクワに戻ってきましたが、そのときにはエリツィン大統領との権力関係は逆転していました。

ゴルバチョフ書記長はエリツィン大統領の指示を聞かざるを得なくなり、エリツィン大統領はソ連共産党の活動停止を命令し、ゴルバチョフ書記長は追認するかたちで解散命令を出します。党員800万人のソ連共産党は解散となりました。ロシア革命から74年。あっけない終焉《しゅうえん》でした。

〈column〉

共産党員になるのは出世のため

改革を進めたゴルバチョフ書記長はソ連共産党の最後の書記長になりました。党員800万人の共産党があっけなく解散したのは、人々が出世のために党員になっていたからだといわれています。国家が立ちゆかなくなり、共産党に属していても未来が見えなくなり、党員という立場を捨てることにも抵抗はなかったのでしょう。

冷戦が残した難民問題とテロとの戦い

冷戦が終わり、ソ連が崩壊したことで、思わぬ問題が起きました。誰がアフリカ諸国を援助するのかという問題です。第2次大戦後、独立を果たそうとするアフリカの国々に対し、米国もソ連も競って援助を繰り広げ、仲間を増やそうとしていました。ところが米国は、ソ連がなくなり、アフリカを援助する目的を失ってしまったのです。

そこで手を差し伸べたのが日本でした。日本がアフリカへの援助を増やし、関係を築いていったのです。アフリカ諸国の中には日本に対して良好な感情を持つ、親日的な国がたくさんあります。その一方、最近になって、経済力を高めた中国が、資源の宝庫であるアフリカを引きつけようと莫大な援助を始めています。

日本には、援助を無条件に行うのではなく、戦争や軍事目的に使われないようにする、あるいは独裁政権がその国民を抑圧しないように行うという原則があります。ところが中国はさまざまな兵器を輸出したり、政権を支援する施設を建てたり、あらゆる手段を通じて影響力を強めようとしています。

現在は、東西冷戦という戦後秩序が崩壊したあと、「ポスト東西冷戦」の世界秩序が築かれないまま混乱が続いているともいえるでしょう。混乱が生み出す問題の中でも象徴的なキーワードの一つが「難民問題」です。

東西冷戦が終わり、中東情勢が悪化しています。米国のイラク攻撃によってフセイン政権が崩壊し、部族間の対立と混乱はフセイン時代よりも深刻化しています。詳しくは後の項（Lecture.11）で解説しますが、フセインなき後のイラクの混乱の中から、中東情勢を揺るがすことになるイスラム過激派組織「イスラム国」（IS）の前身組織が生まれました。彼らは、隣国シリアの混乱に乗じて勢力を拡大させていったのです。

そのシリアでは、盤石といわれたアサド政権と反政府勢力との間の**内戦**［★］が激し

Memo

池上教授のメモ

歴史は決して暗記科目ではありません。歴史の前後には常に因果関係があり、いくつものできごとの積み重ねによってかたちづくられているものだと考えています。その因果関係には人間が大きく関わっています。「なぜこんなにも愚かだったのか」と思うこともあれば、「どうしてこれほど重大な決断を下せたのか」と考えさせられることもあります。それによって、人間の弱さ、強さが見えてくるはずです。

米国陣営とソ連陣営が対峙する東西冷戦の構図が崩れたことによって、戦後世界の枠組みは大きく変わりました。その結果、中東情勢や東アジア情勢をめぐる緊張が高まっているともいえるのです。

さを増し、終結のメドは一向に見えてきません。

私は何度かヨルダンにあるシリア難民キャンプを取材しています。シリアの人口2200万人前後のうち、すでに200万を超える人が難民として国の外に出ているようです。国内でも戦火を逃れて、ざっと400万人もの人々が自宅を離れ、逃げ惑っているという状態です。その一部の人々は欧州へ新たな難民となって逃れています。死者は20万人を超えたと報道されました。国際社会はこの問題を放置してよいのかどうか、問われているのです。

また難民問題を考えていくうえで、無視できない深刻な課題が浮上しています。第2次大戦後、「イスラエルの建国」(Lecture.10参照)によって住む場所を失ったパレスチナの人々は、難民となって厳しい生活環境を強いられました。すでに難民が生まれて60年あまりが経過し、先進諸国と同様に高齢化問題に直面しているのです。支援する国連機関は、医薬品や治療などに大きな予算を投じなくてはならなくなっています。

もう一つのキーワードが「テロとの戦い」(Lecture.11参照)です。中央アジアにあるアフガニスタンでは、米国がイラクに続いて米軍

シリア内戦
2011年3月に民主化デモが激化。アサド政権が武力弾圧したが反体制派が「自由シリア軍」を組織。武力衝突から内戦状態が続く。

の撤退準備を進めていますが、かつてここを舞台に、ソ連が泥沼のゲリラ戦を強いられていた時代がありました。

1979年、ソ連がアフガニスタンへ侵攻しました。ソ連の言うことをきく親ソ連政権づくりを目指していたのです。侵攻はおよそ10年にわたって続きましたが、ソ連側も多くの犠牲者を出し、まさに「第二のベトナム戦争」ともいえる最悪の状況に陥っていました。アフガニスタンはもともと政治的には中立的な国でしたが、宗教としてはイスラム教の国でした。そこで、「ソ連の攻撃から仲間を守れ」といって、世界中のイスラム教徒の武装勢力が駆けつけてきたのです。

この中に、米同時多発テロの首謀者とされるウサマ・ビンラディンが含まれて

シリア内戦で戦闘が続く地域から退去する避難民。和平協議にも米ロなど大国の利害と思惑が大きく影響している＝ロイター／アフロ

いました。歴史に「もしも、あのとき……」という仮定の話は成立しませんが、ソ連軍によるアフガニスタン侵攻がなければ、ビンラディンが武装勢力として加わることもなく、アルカイダの結成もなく、のちの米同時多発テロが起こることもなかったのかもしれません。

東西冷戦が終わったあとの世界では、人々は核戦争の恐怖から解き放たれ、新しい時代の幕開けが予感されました。ところが、湾岸戦争や旧ユーゴスラビア内戦といった地域紛争が激しくなります。超大国が圧倒的な軍事力によってにらみをきかせた冷戦の重しが取れ、それまで影を潜めていた「民族主義」と「宗教心」が高揚していったのです。

米ソ首脳によって冷戦終結は宣言されましたが、世界は今もなお、冷戦がもたらした課題に直面しています。

第三章
Lecture. 9

世界平和は核の恐怖で生まれる？

広島に落とされた原子爆弾によるきのこ雲。1945年8月6日＝共同

米国とキューバが半世紀以上の断絶に
終止符を打ち、劇的な和解を果たしました。
かつて両国をめぐる「キューバ危機」は
世界を全面核戦争の淵に陥れました。
危機を乗り越え、核軍縮の理念を掲げたのが
米国のジョン・F・ケネディ大統領。
ケネディが凶弾に倒れなければ、
世界は変わっていたかもしれません。
暗殺から半世紀あまり、
今も大統領の決断や言葉は人々の心に生き続けています。
彼の足跡とともに、
人類と核の戦後史を考えてみましょう。

この回では歴史に残るケネディ大統領の演説をご紹介します。そして東西冷戦を象徴する「キューバ危機」「ベトナム戦争」や、核兵器開発競争をたどります。「核なき世界」の実現をめぐる交渉の難しさは、どこにあるのでしょうか。

大学の卒業式で行われた歴史的演説

1963年6月、米アメリカン大学での卒業式に臨んだ**ケネディ大統領**［★］は、東西冷戦時代の外交史に刻まれることになる「平和の戦略」と題する演説を行いました。その一部を選んで、わかりやすくご紹介しましょう。

「我々が求めている平和とは、米国の兵器によって世界に押しつけられるパックス・アメリカーナ（米国が強制する平和）ではありません」

「1つの核兵器が、第2次世界大戦で連合国の全空軍が投下した爆弾の10倍近い威力を持っている時代には、全面戦争は無意味なのです」

ジョン・F・ケネディ
1917年生まれ。米史上最年少の43歳で第35代大統領となる。キューバ危機の回避、部分的核実験禁止条約締結などを成功させた。63年にダラスで暗殺される。

「平和の可能性、ソ連、冷戦、我々の自由と平和に対する自らの態度を見つめ直すことから始めるべきです」

最後に

「自信を持ち、恐れることなく、我々は人類破滅の戦略ではなく、平和の戦略に向かって努力し続けます」

と結びました。

さらに、ケネディ大統領は2つの大きな決定を表明しました。一つは核実験停止の実現に向けて、ソ連のフルシチョフ首相および英国のマクミラン首相と首脳会談を開くこと。もう一つは、他国が行わない限り、米国が大気圏での核実験を行わないという宣言でした。

演説では、第2次大戦で「少なくと

1961年1月20日、43歳の若さで就任したケネディ米大統領は就任演説で「国が何をしてくれるかではなく、自分が国のため何ができるかを問うてほしい」と訴えた＝UPI／共同

も2000万人が犠牲になったソ連の苦難」に思いを寄せる場面もありました。米国陣営とソ連陣営が対峙することによって世界平和が危機にさらされている現状を憂い、東西冷戦を終結させるために、互いの違いを乗り越えて歩み出そうというソ連の首脳部や国民へのメッセージを込めていたのです。

〈column〉

アイスクリームは元気の源

1962年、ケネディ大統領の実弟のロバート・ケネディ司法長官が来日した際の質疑で「(私のエネルギー源は)アイスクリームです」と答える場面がありました。「米国では乳脂肪分が8%以上あるものをアイスクリームと呼び、栄養があってエネルギー源になる」ことがわかったのです。以後、日本ではアイスクリームとアイスキャンディーは別の商品であると区別するようになりました。

重要なメッセージを発する場として、大学の卒業式を選んだのはなぜでしょう。演説の冒頭、ケネディ大統領はその意義についても触れています。

英国の詩人で作家のジョン・E・メイスフィールドの「この地上にあるもので大学ほど美しいものはわずかである」という言葉を引用し、「(大学とは)無知を憎む人々が知を求めて努力し、真理を知る人が、ほかの人々の目を開かせようと努力する場所」であり、「地上で最も重要な問題である世界平和について話すためにこの場所(大学)を選んだ」としています。

1963年8月、核保有国である米英ソは**部分的核実験禁止条約**(PTBT)[★]に調印しました。「部分的」というのは核実験の禁止対象が大気圏、宇宙、水中にとどまり、地下は除外されていたからです。完全な禁止条約ではありませんでしたが、それでも核軍縮につながる大きな一歩と意義づけることができると思います。

部分的核実験禁止条約(PTBT)
1963年に米英ソの間で調印された、大気圏内、宇宙空間、水中における核実験を禁止する条約。

キューバ危機は全面核戦争の一歩手前だった

ケネディ大統領がアメリカン大で演説を行った時代は、どんな状況だったのでしょうか。この演説のわずか8カ月前。世界は初めて全面核戦争による滅亡の危機に立たされました。それが**キューバ危機**[★]です。

1962年10月、米国の偵察機が、キューバにソ連のミサイル基地が建設され始めていたのを発見したことがきっかけでした。ソ連は農業指導を名目に技術者を装って、4万人を超える軍人やミサイル専門家をキューバに送り込んでいました。基地の建設に必要な資材も密かに持ち込んでいたのです。

米国を中心とする西側陣営とソ連を軸とする東側陣営が厳しく対立する東西冷戦の下で、核兵器など軍事技術、人工衛星など宇宙技術の開発競争が激しさを増していました。とりわけ人工衛星を打ち上げ、地球の周りを飛行させる技術は、大陸間を飛行し、標的に長距離ミサイルを命中させる軍事技術にも転用できる重要なものでした。

米国とソ連が互いに大陸を直接狙うだけの長距離ミサイルの技術は開発が進んでいましたが、まだ主力の軍事技術ではなく、爆撃機や潜水艦が爆弾を搭載して、上空から投下したり、海中から発射したりする技術が中心でした。

キューバ危機
1962年10月、米国がキューバのソ連中距離ミサイル基地建設を発見したことにより始まった、全面核戦争の危機。

たとえば、キューバに中距離ミサイルの発射基地をつくれば、核爆弾を積んでニューヨークやワシントンなど米国大陸のかなり広い範囲に撃ち込むことができました。米国もトルコに、ソ連を射程におさめるミサイル基地を設けていました。

ケネディ大統領は、偵察写真を見て大変な脅威を覚えたといいます。カリブ海にあるキューバは、米国にとって目と鼻の先にあるからです。そこで、軍などに対してどのような対応シナリオがあるか作成させました。

たとえば外交交渉や海上封鎖などに加えて、ミサイル基地を破壊するシナリオ、キューバ国内のあらゆる軍事施設を全面攻撃するシナリオがありました。軍事施設を攻撃する場合は、空爆に続いて地上部隊によるキューバ侵攻も選択肢にありました。

しかし、キューバを占領すれば、ソ連から米国への報復攻撃を覚悟する必要があります。報復対象として、ソ連軍、東ドイツ軍が西ベルリンを攻撃して占領すれば、とてつもない被害が出るに違いない。そうなると、ソ連に対する全面的な反撃に打って出なければならなくなる。核攻撃をすれば、同様にソ連からの核攻撃を受けることが十分に予測できました。

にもかかわらずケネディ大統領は、最終的に全面的な核戦争になるリスクを冒してでも、ソ連に警告を与えるべきだという結論に達しました。

10月22日、通常のテレビ番組を中断し、ケネディ大統領がホワイトハウスから国民へのテレビ演説を行って、キューバにソ連が建設中のミサイル基地があることを公表、キューバに向かう船舶を近づけないよう海上封鎖を宣言しました。つまり、実力行使をしてでもキューバへのミサイルの運び込みを阻止するという意思表示をしたのです。

これに対してソ連は態度を硬化させ、ソ連軍や東ドイツ軍によるワルシャワ条約機構軍が臨戦態勢に入りました。いつでも西ベルリンを攻撃できる準備を整えたのです。キューバは米軍の攻撃に備え、市民25万人が直ちに反撃できる態勢をとりました。

米国も軍の警戒レベルを上げ、核爆弾を搭載した爆撃機が空中給油を受けながら、24時間態勢でソ連本土に照準を合わせていました。海兵隊もキューバへの上陸に備えました。駆逐艦を投入し、キューバに近い海域に潜んでいるソ連潜水艦を発見し、攻撃できる態勢を組みました。ひとたび攻撃が始まれば、報復が報復を呼び、世界が火の海になる恐れがあったのです。

人類史上最も危険だった日

米国民には、核戦争に備えて自宅に核シェルターを設けたり、食料を買いだめしたりといったパニックが広がっていきました。

私は小学校6年生でした。米ソが戦争を始めれば、ソ連から日本の米軍基地に核ミサイルが飛んでくるだろうと覚悟しました。首都機能をマヒさせるために東京にも核ミサイルを撃ち込むのではないかと考えました。私と同世代の方々は、当時の混乱や恐怖を鮮明に覚えているのではないでしょうか。

世界中で緊張が高まる中、10月27日には、米国の偵察機がキューバで撃墜されました。人々はテレビや新聞を通じて、一触即発の事態を固唾《かたず》をのんで見守っていたのです。27日は土曜日でした。キューバにソ連の貨物船が近づいていたので、28日の日曜日には全面衝突になるのではないかと誰もが予想していました。当時、

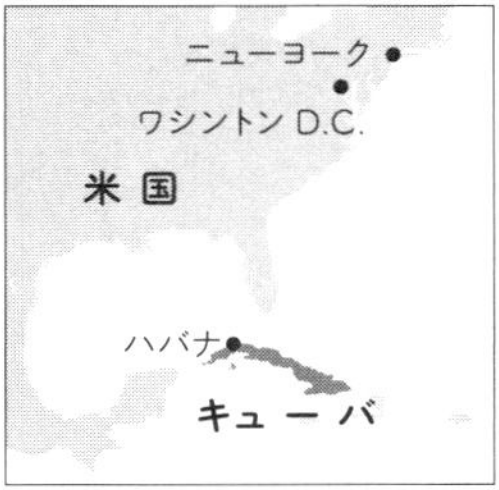

1962年10月の「キューバ危機」によって世界は初めて全面核戦争の危機に立たされた。ソ連の「武器撤去」の発表後にキューバから離れるソ連船と、それを警戒する米軍（62年11月10日）＝AP／アフロ

〈キューバ危機をめぐる主な出来事〉

1962年	10月14日	米偵察機、キューバにソ連のミサイル基地を発見
	22日	ケネディ大統領、キューバの海上封鎖を発表
	27日	キューバで米偵察機が撃墜される
	28日	ソ連が「キューバからの武器撤去」を発表

〈column〉

キューバに米軍基地がある理由

キューバには米海軍のグアンタナモ基地があります。米同時多発テロ後、容疑者への手荒な取り調べが問題になったことがあります。キューバはかつてスペインの植民地でしたが、19世紀末に独立戦争を起こしたとき、米国がキューバの独立を承認したことをきっかけに内政干渉の権利を得たのです。

軍のトップだったマクナマラ国防長官は、「土曜日を迎えるのもこれが最後かもしれない」と覚悟したと述懐しています。

やがて運命の日が訪れました。28日午前、ソ連のモスクワ放送は突然、キューバから「武器」を撤去するという発表をしました。実際はミサイルだったのですが、武器を撤去するという言い方をしたのです。そして、キューバに向かっていたソ連の貨物船の船団はUターンし、引き揚げて行きました。全面核戦争の危機は去りました。

1960年代初頭というのは、東西冷戦が一段と深刻になった時期でした。キューバ危機の前年にあたる1961年には、東ドイツによって東西ベルリンを分断する「ベルリンの壁」の建設が始まりました。アジアではベトナムの主導権をめぐって、南北の対立が激しくなっていった時期でもあったのです。

キューバ革命のリーダー、カストロとソ連

２０１４年の年末、劇的なニュースが世界を駆けめぐりました。半世紀あまり国交を断絶してきた米国とキューバが、国交を正常化するというものでした。相互に大使館が設置され、２０１５年に国交回復。政府間交流が始まりました。今後、民間を含めた経済交流も活発になるでしょう。

さらに驚いたのは、両国の仲介役が南米出身のローマ法王・フランシスコだったと報じられたことです。まさに「事実は小説よりも奇なり」。かつて大国ソ連が崩壊したように、歴史に「絶対」という言葉は通用しないということを、あらためて痛感させられます。当時の米国とキューバの関係を振り返りましょう。

ケネディ大統領は１９６１年に就任後、米中央情報局（ＣＩＡ）などが中心になって実行したキューバ侵攻計画で大失敗を経験していました。米国に亡命したキューバ人を軍事訓練し、上陸させてカストロ政権の転覆を狙った、いわゆる**ピッグス湾事件**［★］です。

当時のキューバ指導者は**フィデル・カストロ議長**［★］でした。現在は高齢になり、

健康を損ねたので、弟のラウル氏にトップの座を譲りましたが、大きな影響力を持っていることに変わりはありません。カストロ議長は1959年1月、親米的で独裁体制だったバチスタ政権を打倒して、革命を実現させたリーダーでした。当初、米国は新政権を承認していましたが、やがて態度を硬化させます。

カストロ議長は亡命したバチスタ氏を除き、旧政権幹部を処刑して新たな独裁体制を敷きました。さらに、米国や西側の資本によって建設した石油精製施設や製糖工場などを次々と国有化してしまいます。米国は1961年1月には報復として、キューバとの貿易を停止し、国交を断絶していたのです。

そこでキューバに救いの手を差し伸べたのがソ連でした。東西冷戦の下、ソ連は世界に仲間を広げるために、米国と敵対する国を仲間に引き入れていたのです。たとえば、特産品である砂糖を高い値段で買いつける一方、エネルギーとなる石油を安い値段で輸出しました。これをきっかけに、キューバが急速にソ連寄りの政権になっていったのです。

そもそもカストロ議長が社会主義者だったのかどうかという点に

ピッグス湾事件
1961年4月、米軍がキューバ軍基地を爆撃、在米亡命キューバ人部隊がピッグス湾へ上陸したが壊滅。キューバ危機へとつながった。

フィデル・カストロ
1927生まれ。キューバの革命家、政治家。チェ・ゲバラらとともに59年革命政権を樹立。2008年に引退。

ついては、議論があります。革命を目指していたころは、とにかく独裁政権を倒したいとの一念はありましたが、いわゆる社会主義者ではなかったのではないかという指摘もあります。革命家だったカストロ議長も、東西冷戦構造にのみ込まれていったのです。

キューバ危機は、表向きは米国の強硬方針にソ連が折れて決着したようにも見えました。ところが水面下では、全面戦争を回避するため、ケネディ大統領とソ連のフルシチョフ首相との間で、書簡を交えた厳しい交渉が繰り返されたという証言があります。

米国はトルコに配備していたミサイルの撤去を示し、数カ月後には実行に移していました。キューバ危機後、不測の事態に備えるために、米ソ首脳を結ぶホットラインも開設されています。米ソは関係改善に向けて、動き出したかにも見えました。

革命指導者のカストロ議長(写真は2010年8月)も、東西冷戦の枠組みにのみ込まれていった=ロイター/アフロ

「恐怖の均衡」で激化する核開発競争

1963年11月、ケネディ大統領は遊説《ゆうぜい》中のテキサス州ダラスで凶弾に倒れました。アメリカン大での演説からわずか5カ月後のことでした。皮肉なことに**ケネディ暗殺**［★］のニュースは、日米を衛星回線で結んだ初のテレビニュースとして伝えられました。

一方、1964年にはソ連のフルシチョフ首相が突然解任されました。やがて、ケネディ大統領が呼びかけた核軍縮とは逆方向に、米ソによる大陸間弾道ミサイル（ICBM）など核開発競争が激しくなっていきました。本土に直接届く核ミサイルの性能を高める戦略に転換したのです。

中距離・短距離ミサイルの開発も進みました。たとえば米国は西ドイツに米軍基地があり、モスクワまで届く中距離ミサイルを配備しました。当然のことながら東欧諸国にもソ連が中距離ミサイルを配備し、西ドイツやフランス、英国など西側諸国を狙うようになっていったのです。

これは予備知識ですが、核兵器には「戦略核兵器」と「戦術核兵

ケネディ暗殺
1963年11月22日、テキサス州ダラスでパレード中に射殺された。オズワルド容疑者の単独犯行とされるも、いまだに真相についての議論が続いている。

器」という概念があります。戦略核兵器が敵対する国を壊滅させるだけの能力を持つのに対して、戦術核兵器は戦場で敵対する部隊を壊滅させる力を備えた核兵器という意味です。

米国内にソ連まで撃ち込めるミサイル基地を建設しても、やがてソ連は基地を見つけ出すでしょう。そこで米国はネバダ州の砂漠周辺にミサイル発射口をたくさん建設したのです。地下にミサイル発射口の間を行き来する鉄道のような移動手段を設け、どこにミサイルがあるのかわからないように縦横無尽に移動させ続けていました。

さらに、米ソは海中に長期間潜むことができる原子力潜水艦に核ミサイルを積んで、世界の海に配備していました。地上の核ミサイル基地が全滅しても、海から攻撃できるようにしていたのです。核ミサイルを搭載した原子力潜水艦を攻撃するための、攻撃型原子力潜水艦まで建造しました。大西洋や太平洋、

1963年11月24日、暗殺されたケネディ大統領のひつぎにキスするジャクリーン夫人と長女キャロラインさん。ケネディ大統領は2年10カ月の在任中、東西冷戦の重圧に苦悩していた＝AP／アフロ

あるいは北極海で、米国やソ連の潜水艦が接触事故を起こしていたようです。

米ソはキューバ危機で人類破滅の瀬戸際に立ったにもかかわらず、戦争になればお互いの国が壊滅してしまうほどの核兵器をつくり出していきました。いわゆる「恐怖の均衡」によって全面戦争を回避していたのです。これが**核の抑止力**［★］という考え方です。「相互確証破壊」（MAD）の理論とも呼ばれました。まさに狂気（MAD）でした。

核の抑止力
対立する関係において、互いに核兵器を保有することで戦争が回避されること。

〈column〉

暗殺計画の二重の失敗

CIAは冷戦時代、ソ連陣営や米国に敵対する国々の政権転覆を謀る工作を水面下で繰り広げていたといいます。キューバのカストロ議長に対しても、葉巻に毒を仕込もうとするなど暗殺作戦を立案しますが、ことごとく失敗してしまいます。作戦が失敗したことも明らかになるという二重の失敗をしていたのです。

米国社会を揺るがした泥沼のベトナム戦争

ケネディ大統領の暗殺後、米国は**ベトナム戦争**［★］に本格的に介入し、泥沼の戦いを強いられることになります。ベトナム戦争は東西冷戦の代理戦争であり、米軍兵士5万人を超える犠牲を出しました。米国社会を大きく揺るがしたできごとでもあったのです。

第2次大戦後、日本軍が去ったインドシナ半島にフランス軍が戻り、独立を求めるベトナム独立同盟会（ベトミン）と衝突してインドシナ戦争が始まりました。ベトミンはソ連と中国が援助し、フランスを米国が支援しました。

ところがフランス軍は苦戦し、撤退に追い込まれます。1954年7月、スイスのジュネーブで開かれた和平会談の結果、休戦のための**ジュネーブ協定**［★］が成立しました。この協定でベトナムは北緯17度線で分断されました。北側ではベトナム民主共和国が社会主義への道を歩みます。南側には米国が支援するベトナム共和国が成立しました。

そもそも米国がベトナムへの介入を強めた背景には、近隣の東南

ベトナム戦争
1960年代に始まったベトナムの独立・統一をめぐる戦争。73年和平協定が成立、75年に南北統一。

ジュネーブ協定
1954年のジュネーブ会議で調印されたインドシナ戦争の休戦協定。

アジア諸国に社会主義国が広がることへの危機意識がありました。南ベトナムでは反政府の解放戦線がゲリラ闘争を繰り広げ、戦闘で米軍は苦戦しました。

米軍は1965年になると、北ベトナムへの爆撃（北爆）を本格化させます。ジャングルに潜むゲリラの隠れる場所をなくすため、枯葉剤を空中散布し、木々を枯らす環境破壊作戦も実行しました。

当時の米国は徴兵制で、最終的に50万人もの若者がベトナムへ送られました。テレビの報道を通じて悲惨な戦争の映像が届けられると、「間違った戦争ではないのか」という反戦の世論が盛り上がっていきました。

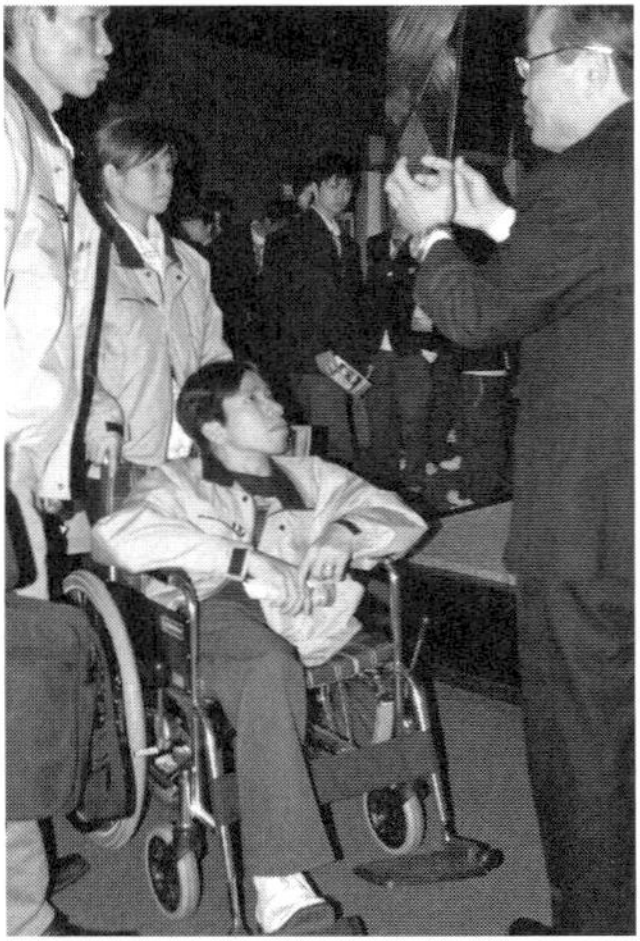

米軍が使用した枯葉剤はベトナムの自然と人々の命を脅かした。枯葉剤の影響で結合双生児として生まれた「ベトちゃん、ドクちゃん」の弟のグエン・ドクさんら（2007年3月6日、長崎原爆資料館）＝共同

米軍はついに1973年、ベトナムから撤退します。1975年に北ベトナム軍の全面攻勢が始まると、南ベトナム政府軍は総崩れとなり、首都サイゴン(現ホーチミン)は陥落しました。

米国が初めて経験した敗北でしたが、深刻な問題は今も解決されていません。戦場での恐怖から麻薬に手を出す兵士が増え、本国に持ち込み社会問題に発展したのです。

〈column〉

2万台の自転車が活躍

ベトナム戦争のとき、南ベトナムで抵抗運動を続ける解放戦線を支援するため、北ベトナム側から1万台のトラックと2万台の自転車が動員されて物資が運ばれたとみられています。隣国のカンボジアを通るルートもあり、総延長は約4000キロに達していました。米国は北の指導者の名前を冠してホー・チ・ミンルートと呼びました。

そして、枯葉剤に含まれたダイオキシンによる健康被害に苦しむ人々も大勢います。

核なき世界は実現できるのか

やがて米ソが保有する核兵器の削減へと本格的に動き始めたのは、1987年のことでした。米国のレーガン大統領とソ連のゴルバチョフ書記長の間で、**中距離核戦力（INF）全廃条約**［★］が調印されたことがきっかけでした。さらに長距離ミサイルの削減に取り組み始めたのは、1991年に**戦略兵器削減条約（START）**［★］が調印されてからです。

画期的だったのが、オバマ米大統領による2009年4月の**プラハ演説**［★］でした。就任したばかりのオバマ大統領は、チェコの首都プラハで「核廃絶」に言及し、核兵器を全面的に止めるために努力をしようではないかと世界に訴えたのです。

「米国は世界で初めて核兵器を使用した国として、行動する道義的な責任がある」という言い方をしました。核兵器を最初に使った国として、核兵器を止めていくための努力をする責任はあるだろうと

中距離核戦力（INF）全廃条約
米ソが両国の地上配備中距離ミサイルの廃棄を決めた史上初の特定核兵器の全廃条約。1987年12月に署名。

戦略兵器削減条約（START）
長距離ミサイル削減の取り組みとして、1991年7月に米国とソ連が署名。有効期間は15年。

表明したのです。ただ、米国はこれまで広島や長崎に原爆を投下したことに対する責任については一切認めていません。

この演説によって、オバマ大統領はノーベル平和賞を受賞しました。また米国とロシアは2010年に、保有する核弾頭やミサイルの数を制限するための新しい戦略兵器削減条約を結びました。しかし、核兵器を減らしていくための取り組みが目に見えるかたちで大きな成果を残しているかと問われれば、現時点では疑問が残ります。

2015年、5年に一度開かれる核拡散防止条約（NPT）の再検討会議では、新たな核軍縮を目指す最終文書を取りまとめることができませんでした。背景には、核兵器の保有国と非保有国との間の不平等をめぐる不信感、未加盟国の核保有問題に対する利害関係などがあります。核兵器を管理する国際的な枠組みを維持することの難しさを象徴しています。そして、オバマ大統領のノーベル平和賞受賞について、実際に批判や論争があるのも事実です。

東工大の講義でも、「世界から核兵器はなくなると思いますか」という、非常に素朴ですが、本質を突いた質問が学生から寄せられました。残念ながら、それは大変難しい問題だと思います。たとえ

プラハ演説
2009年4月にチェコの首都プラハで行った核廃絶の演説。核軍縮交渉などの国際社会への働き掛けも評価され、同年ノーベル平和賞を受賞。

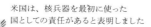

1987年、INF全廃条約に調印するレーガン米大統領（右）とソ連のゴルバチョフ書記長（左）。米ソが核兵器削減へ大きな一歩を踏み出し、東西冷戦終結へとつながった＝AP／アフロ

2009年4月5日、オバマ米大統領はチェコ・プラハでの演説で、核兵器を全面的に止める努力をしようと訴えた。核廃絶への道は険しい＝AP／アフロ

ば北朝鮮などが核兵器を開発しているのは、米国から攻撃されないようにし、自分の国を守るためには、核兵器を持つしかないと考えているからです。アフガニスタンやイラクが米国から攻撃されたのは、「核兵器を持っていなかったからだ」と信じているわけですね。

そういう意味では、国と国との間の根深い不信感がなくならない限り、核兵器を全廃するのは難しいのではないでしょうか。

ただし、核兵器を使わせない、使わないという仕組みをつくり出すことは可能ではないかと思います。核兵器をこれ以上増やさないためのルールづくりはこれまでも行われてきたし、核開発を途中でやめた国、つくっていた核兵器を放棄した国もあるからです。

核兵器を世界からなくすことはある種の夢物語かもしれないけれど、人類の英知と粘り強い外交交渉を重ねることによって、そうした仕組みをつくり、守っていくことは可能ではないかと思っています。

ベルリンからニューヨークへ届いたメッセージ

1963年6月、当時のケネディ米大統領は西ベルリンを訪問し、ベルリンの壁の前で演説をしました。演説の一部をご紹介します。

「その人がどこに住んでいようと、自由を愛するすべての人々はベルリン市民である。ゆえに私は誇りを持って言う。Ich bin ein Berliner.(私も一ベルリン市民だ)」

演説は英語でしたが、最後の一節だけドイツ語で発言しました。

これはレトリックですね。「ベルリン市民は自由を愛している。ということは、自由を愛する国民は、みんなベルリン市民と心が同じなのだ。だから私もベルリン市民とともにいる」。こう言い換えることができます。

論理的ではないけれども、「私もまた一人のベルリン市民だ」というメッセージにしたことが、人々の心を打ったわけです。実際、西ベルリン市民はこの演説に熱狂しました。

それからおよそ半世紀。2001年、ニューヨークなどで米同時多発テロが起きて、何千人もの人々が亡くなりました。このとき、世界各地でテロの犠牲者を追悼する集会が開かれました。

そのとき、ベルリンに見覚えのあるキーワードを記したプラカードが登場しました。そこに記されていたのは、「私もまたニューヨーク市民である」という言葉でした。ベルリン市民は、「ケネディ大統領のメッセージ」を思い出し、自分たちが励まされたお礼を贈ったのです。

ベルリンからニューヨークへの返礼

のメッセージ。

現代史を学んでおくと、こんな一コマにも心が熱くなるものです。

Memo

池上教授のメモ

ドイツ初の女性首相であるメルケル氏は旧西ドイツで生まれ、旧東ドイツで育ちました。物理学を専攻した科学者でもあります。運命とは不思議なものです。もしドイツが統一しなければ、メルケル氏は首相にはならなかったでしょう。

彼女は政治には関わることなく研究活動にあたってきたのですが、ベルリンの壁が崩れ、民主化運動が高まる中で政治との接点ができました。彼女は絶大な人気があります。ドイツを率い、ギリシャやキプロスなどの財政危機に端を発したユーロ危機に手腕を発揮し、EUを救ってきたところに、ドイツ統一の成果があるように思います。

第三章
Lecture. 10

中東和平への遠い道のり

イスラエルの独立宣言を読みあげる初代首相のダヴィド・ベン・グリオン（中央）。壁の肖像写真は、シオニズム運動の指導者テオドール・ヘルツル。1948年5月14日、テルアビブ＝共同

中東というのは、日本人にとって
石油などの資源以外にはなじみの薄い地域でした。
ところが湾岸戦争後、日本人が犠牲になるテロ事件が起き、
過激派組織「イスラム国」（IS）が勢力を拡大、
かなり話題にのぼるようになっています。
第2次世界大戦後、中東ではイスラエル建国を境に
アラブ諸国との間で4度もの戦争が起き、
リーダーの暗殺などの代償を払ってきました。
共存によって中東和平を模索する
「パレスチナ問題」の終着点は見えてきません。
宗教や歴史も踏まえながら、
パレスチナ問題の難しさについて考えてみましょう。

この回では、第2次世界大戦後のアラブ諸国とイスラエルの対立の歴史を振り返りながら、エネルギー市場をめぐる動き、難民問題が直面している課題について整理します。意外と知られていない、聖地エルサレムの歴史もご紹介しましょう。

シェール革命で変わる世界情勢

シェール革命［★］という言葉があります。米国が従来の天然ガスや石油に代わる「シェールガス」や「シェールオイル」を実用化し始めたことによって、サウジアラビアなど中東を軸としてきた世界のエネルギー市場の勢力図を一変させるとまでいわれる、新たな革命のことです。埋蔵量はあと100年分もあるともいわれ、米国が世界最大の産油国になりつつあるのです。

シェールガスやシェールオイルは、シェール（頁岩《けつがん》）層と呼ばれる非常に深い地層から取り出されます。「頁」とは本の「ページ」を表す漢字です。文字通り、薄い岩が何層にも重なり合っている状態の地層です。米国の場合、地下2000メートルぐらいのところにあります。この地層を形づくる薄い岩と岩との間に、天然ガスあ

シェール革命
シェール層と呼ばれる非常に深い地層から新たにガスや石油が採掘され始め、世界エネルギー情勢に影響を与えている現象。

るいは石油が含まれています。

こうした地層に天然ガスや石油が含まれていることは以前からわかっていましたが、取り出す技術がありませんでした。ところが石油価格の高騰で、コストがかかっても十分採算が取れる状態になり、2000年代になって米国で採掘が本格化しました。このシェール層は、北米全体のおよそ3分の1の地域にあるとみられています。

米国はこれまで世界最大の天然ガス輸入国でしたが、シェールガスやシェールオイルの採掘にメドがついたことによって、今後は輸入する必要がなくなります。しかも

米国は、シェールガスをLNG（液化天然ガス）に変える施設を建設し、海外への輸出を始めます。

これによって、国際情勢が大きく変わる可能性が出てきました。米国はこれまで中東の安定のために政治、経済などあらゆる面で協力関係を築いてきました。それは石油や天然ガスが目当てだったからです。ところが、オバマ政権は中東に対して関心を失いつつあります。シリア内戦をめぐっても、イラクのようには積極的に介入しませんでした。これまでの米国では考えられなかったことです。

第2次大戦後、4度にわたる**中東戦争**［★］によって石油の値段が大幅に上がり、世界経済は石油危機に見舞われました。ところがシェール革命によって、中東諸国は石油の価格決定権に対する影響力を失っていくことが考えられます。中東の産油国は石油を握ることで、欧米諸国に対する発言力を高めてきました。まさに石油を武器にしたのです。しかし、これからの100年は米国がその武器を持つかもしれません。

国際石油市場では不思議な現象が起きています。国際指標価格は2014年のピーク時には1バレル100ドルを超えていましたが、

中東戦争
パレスチナをめぐるイスラエルとアラブ諸国の戦争。1948〜73年の間に4度起きている。

その後、急激な需要の縮小などはないにもかかわらず、同50ドル前後にまで下落したのです。

これまでなら、サウジアラビアなど産油国等で構成されるOPEC（石油輸出国機構）は、採算を改善するために減産をして、価格を引き上げる対策に打って出たものです。ところが彼らは一部産油国の主張を無視し、減産を見送ったままなのです。ここで産油国の事情として、考えられることが2つあります。

一つは、米国優位のシェール革命に対する、産油国の対抗策です。シェールオイルの掘削にはコストがかかり、1バレル50ドル前後では採算が合いません。国際的な石

〈column〉

米産業の国内回帰

シェール革命は、米国の産業にも大きな変化を引き起こしそうです。米国で従来輸入に頼っていた天然ガスや石油よりも安価なエネルギーが採掘できるようになり、産業界にとって、製造や物流にかかるコストが格段に安くなります。これまで中国の工場を活用してきましたが、これは安く製造できても品質などの問題がありました。エネルギーコストが下がれば、中国より人件費が高い米国で製造しても、コスト全体でみればそれほど高くならないわけです。米国の産業の国内回帰が進む可能性があります。

油価格を低く抑えることで、ＯＰＥＣ側がシェアを奪い返すことができるのではないかというシナリオです。

もう一つは、イスラム世界の対立の構図です。イスラム教にはスンニ派とシーア派という二大勢力があります。産油国の盟主サウジはスンニ派で、シーア派のイランや同派系シリアとは対立関係にあります。価格を低く抑えて石油収入を減らし、対立する国々の経済を弱体化させようとしているのではないかと推測できるのです。

米国はこの動きを〝黙認〟しています。米国の産業のエネルギーコストが下がるからです。また、価格安が長期化すれば、有数の産油国であるロシアの経済には打撃となるからです。ロシアがクリミア半島を強引に編入して以後、米国とロシアは厳しく対立しています。価格安はこうした一部の大国にとってはむしろ都合がよいという利害関係があるのです。

アメリカが中東を気にする理由とは

米国のオバマ大統領は、中東和平を実現するシナリオとして、共存政策を推し進めたいと考えているようです。イスラエルのネタニ

パレスチナ自治政府
「オスロ合意」を基に１９９４年、パレスチナ人により設立。国家樹立を目指しているが、欧米諸国や日本は未承認である。

ヤフ首相や**パレスチナ自治政府**［★］のアッバス議長らとの会談に臨み、説得をくり返してきましたが、議論は平行線をたどっています。

とりわけ神経をとがらせているのは、イスラエル側が「パレスチナ国家の樹立を認めない」と発言したとされる問題です。オバマ大統領は、これまで配慮してきた対イスラエル政策の見直しにも言及したといわれています。米国の中東政策は一向に出口が見えてきません。

なぜ、米国がこの問題に注力するのでしょうか。それは、米国内には金融界などを筆頭に政財界の主要な分野に、ユダヤ系の実力者が数多くいるからです。大統領も含めて政治家は、ユダヤ系国民の強力な支持を取りつける必要があります。そのためには、イスラエルの和平問題や経済問題に貢献することは重要なテーマでもあるのです。イスラエル問題はこれまで同様に、安全保障上の重要課題であることに変わりはないので

オバマ米大統領（右）はイスラエルとパレスチナの共存の道を模索している（2014年3月3日、ホワイトハウスでイスラエルのネタニヤフ首相と会談）＝AP／アフロ

す。

中東和平は、石油の大半を中東に依存する日本にも関わりの深い問題です。日本はこれまでの取り組みに加え、アジア諸国と協力し、パレスチナ自治政府の産業や人材の育成に必要な資金援助を始めています。さらにイスラエルやパレスチナの参加を促し、「平和と繁栄の回廊」と呼ばれる構想を進め、ヨルダン川西岸地区に農産物の加工工場を建設する計画を進めています。生活基盤の整備も含めて人々の自立を後押ししていこうとしています。

そもそも、「パレスチナ人」とは

難民というと日本人の多くがすぐに思い出すのが、**パレスチナ難民**[★]かもしれません。しかし、パレスチナ人という民族があるわけではなく、民族としてはアラブ人です。パレスチナから逃げてきた人々ということで、パレスチナ難民と呼ばれるようになったのです。今では「自分たちはパレスチナ人だ」という民族意識すら芽生えてきています。

そもそも民族とは何か。それは非常に難しい問題です。一般論と

ユダヤ系国民の支持を得るため、米国は中東和平に注力しています

しては、同じ文化を持つ同じ人種で、同じ言葉を話し、自分たちは一つのまとまった民族という意識を持った人たちが民族といえるでしょう。たとえばアラブ人たちは、アラビア語を話し、同じアラブの文化を持っています。パレスチナ出身のアラブ人たちの間では、「自分たちはパレスチナ人だ」という意識が生まれてきたのです。

世界の難民は2千数百万人という言い方をします。この数字は多くの場合、国連難民高等弁務官事務所（UNHCR）が管轄している難民のことをさしています。ところが、パレスチナ難民に関しては**国連パレスチナ難民救済事業機関（UNRWA）**［★］と呼ばれる別の国連組織が担当をしています。UNRWAが担当している難民は、ざっと500万人いるとみられます。

シリア内戦などを含めて世界のさまざまな紛争地帯で発生した難民の世話をするのはUNHCRで、担当する難民はおよそ2000万人を境に増えたり減ったりしていますが、実はそれ以外にUNRWAが担当する500万人ものパレスチナ難民がいることを忘れてはいけません。

UNRWAは、UNHCRよりも先に設立されました。1949

パレスチナ難民
1948年のイスラエル建国によって居住地を失ったパレスチナに住んでいた人々とその子孫。ヨルダン川西岸やガザ地区に多く居住。

国連パレスチナ難民救済事業機関（UNRWA）
パレスチナ難民に教育や福祉などの支援を行う国際連合の機関。1949年設立。

年の国連決議で設立され、１９５０年から活動を始めています。ＵＮＲＷＡの職員は約3万人。この中で特に多いのは、学校の先生や学校を支える職員です。ＵＮＲＷＡは教育に力を入れているからです。

難民キャンプの高齢化問題

パレスチナ難民には定義がありますが、ご存じでしょうか。これは１９４６年6月1日から１９４８年5月15日までの間、パレスチナに住んでいて家と生計を失った者とその子孫とされています。つまりイスラエルの建国に際して起きた第1次中東戦争のとき、住んでいる家を失ってそこから逃げてきた人、そして、その子孫ということになります。

難民が生まれて60年もたっているわけです。パレスチナ難民が発生したころ、その数はざっと１００万人ぐらいだったでしょうか。その後、難民キャンプで子どもが生まれ、家族が増えて人口が増えたのです。

難民キャンプという言い方をしますから、ついテント生活をしているようなイメージを持ってしまうかもしれませんが、そういうわけではありません。難民が生まれたときには、一時的にテントを張って住んでもらうやり方をしましたが、60年もたつと、その多くが本当の町になっています。コンクリート造りの2階建て、3階建ての家屋が並ぶ町になっていて、子どもたちの学校もあり、普通の町として大きく発展しています。

しかし問題もあります。たとえば、ヨルダンや周辺のレバノンにそれぞれ逃げてきた人たちの難民キャンプができると、ヨルダンやレバノンの国民にとっては雇用が奪われる恐れがあります。ですから、難民キャンプの中にとどまっていてほしいという本音もあるのです。しかしそうすると、難民キャンプに住む人々はキャンプの外に働きに出ることができなくなります。

さらに私自身がキャンプを何度か取材してみてわかったことですが、難民の高齢化が進んでいます。特に難民キャンプが直面している最大の問題は、医療です。高齢者医療のための医療費の額が非常に増えているのです。

難民の人たちの病院というと、乳幼児を抱えた母親の姿が多いイメージを持つかもしれませんが、パレスチナ難民キャンプはそうではありません。高齢者が大勢いて、高血圧や糖尿病に悩んで来ている人たちも大勢いるのです。難民キャンプから外に出ることができずにストレスが非常に大きくなり、病気になる人たちも大勢いることが現在の大きな課題なのです。

中東戦争の火種となったイスラエル建国

パレスチナ難民が生まれるきっかけになった**イスラエルの建国**［★］は、1948年5月14日でした。国際連合（国連）でパレスチナをアラブ人とユダヤ人の国家に分ける決議が採択され、ユダヤ人側の国がイスラエルとなったのです。ちなみにイスラエルは「神の戦士」という意味で、かつてこの地にあった王国の名を復活させました。

問題は第1次世界大戦当時、英国が二枚舌あるいは三枚舌と呼ばれる外交を行っていたことです。これが中東問題を非常に複雑にしました。英国はアラブ人にもユダヤ人にもいい顔をして、「国づくりを応援するよ」と水面下で約束を交わしていたのです。そのうえ、実際はフランスと一緒に、この地域を山分けする密約をしていました。

ところが、第2次大戦で英国は疲弊して影響力を行使できなくなってしまい、パレスチナ地域から撤退せざるを得なくなりました。国連にパレスチナ問題を丸投げするような事態になって、混乱が残されたのです。

イスラエルが建国を宣言した翌日に、周辺のアラブ諸国で構成す

イスラエル建国
シオニズム運動を背景に、国連のパレスチナ分割決議を経て、1948年5月にユダヤ人がイスラエルの建国を宣言した。

るアラブ連合軍がイスラエルに攻め込みます。エジプト、シリア、ヨルダン、レバノン、イラクの5カ国です。つまり、国連決議があったとしても「勝手に異教徒がやってきて、国をつくるなんてとんでもない」と考えたのです。これが第1次中東戦争です。

イスラエルはアラブ諸国との戦争に備えて周到な準備をしていました。第2次大戦で英国兵士として訓練され戦った大勢のユダヤ人を、兵士として抱えていたのです。さらに、大金持ちたちが兵器を大量に買い集めていました。

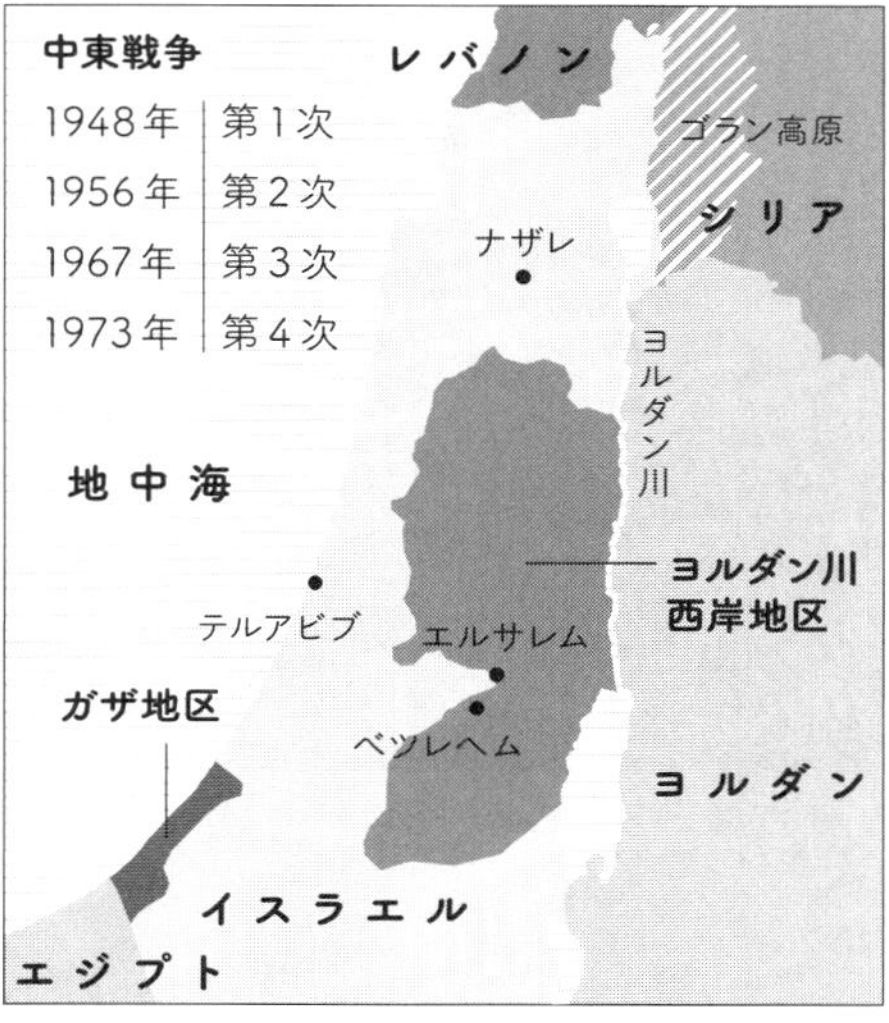

（注）当事国によって呼び方は異なる

　これに対して、アラブ諸国は戦車などの近代兵器を持っていませんでした。ラクダや馬に乗って、銃や刀を振りかざしてイスラエルに攻め込んだのです。イスラエルの勝利。イスラエルは国家の存続を勝ち取ったばかりか、国連決議で認められた以上の土地を占領しました。この後も戦いが繰り返され、大きなものだけでも4度の戦争がありました。

　第3次中東戦争後、イスラエルとエジプトの和平が進展しました。エジプトにはイスラエルに占領されたシナイ半島を返還してもらいたいという思惑もあ

イスラエルとの和平交渉再開に異議を唱えるパレスチナの市民ら（2013年7月28日、ガザ地区）＝AP／アフロ

英国が過去に無責任な外交を行い、中東問題を複雑なものにしました

り、イスラエルを国家として承認したのです。シナイ半島はエジプトに返還され、当時、「土地と平和の交換」といわれました。

これまでにエジプトとヨルダンはイスラエルと平和協定を結びましたが、シリア、レバノン、イラクとは平和協定が結ばれず、現在も敵対関係にあります。その結果、エジプトでは和平を決断したサダト大統領に対し、イスラム過激派が激しく反発しました。「イスラエルを承認するとは裏切り者だ」として、サダト大統領は暗殺されてしまったのです。そのすぐそばにいたのが、「アラブの春」によって2011年に政権から追われるまで、トップに君臨していたムバラク大統領でした。

アラブの春はこうして広がった

そもそも**アラブの春**［★］は2010年12月、北アフリカに位置するチュニジアで、一人の青年が抗議の焼身自殺をしたことをきっかけに始まりました。人々の民主化要求運動は大きなうねりとなり、チュニジアのベンアリ政権、リビアのカダフィ政権、エジプトのムバラク政権といった30～40年も続いた長期独裁政権を相次ぎ倒した

アラブの春
2010年12月のチュニジアを発端に中東各国に波及した民主化運動。チュニジア、エジプト、リビアでは長期独裁政権が倒れた。

のです。人々は不正や賄賂にまみれた政治を変革し、新しい希望の持てる社会を待ち望んでいたのでしょう。

イスラム教徒にとって、焼身自殺は深い意味がありました。死後、身体がなくなってしまうと、この世の終わりが来たときに復活することができなくなります。つまり人々には、青年の焼身自殺は天国に行くことをあきらめた決意の抗議と映ったのです。彼の死が交流サイト（SNS）の「フェイスブック」や短文投稿サイトの「ツイッター」を通じ、どんどん広がっていきました。

さらに、人々の動きを伝えたのが中東の衛星放送局**アルジャズィーラ**［★］でした。これはアラビア語放送です。アラブ諸国には読み書きができない人もたくさんいます。なかには貧しくてパソコンや携帯電話を持

「アラブの春」の象徴になったエジプト・カイロのタハリール広場。2011年2月11日、ムバラク大統領辞任を喜ぶ人々で埋め尽くされた＝ロイター／共同

っていない、あるいは住む地域によってはインターネットを利用できる環境を持たない人々もめずらしくありません。テレビが人々に集会の情報を伝えたり、人々を団結させたりするうえでの重要な情報源となった側面があるのです。

独裁政権が崩壊したチュニジア、リビア、エジプトではその後、

アルジャズィーラ
1996年カタールに開局された非営利の衛星放送局。中東、イスラム諸国の取材を重視し、アラビア語と英語で放送。

〈column〉

ジャスミン革命

2010年に民主化要求運動が始まったチュニジアでは、「アラブの春」は別名「ジャスミン革命」とも呼ばれました。チュニジアを代表する花がジャスミンだったからです。そもそも「アラブの春」という言葉自体も、東西冷戦当時、チェコスロバキア（現在はチェコとスロバキアに分離）で起きた民主化運動が都市の名にちなんで「プラハの春」と呼ばれたことになぞらえたものです。

それぞれ民主的な選挙が行われました。そして国民によって選ばれた代表による政府ができました。チュニジアは比較的平穏にうまくいっています。それに対してリビアでは、内戦状態のときに武器が大量に拡散したという事情もあって、きわめて治安が悪い状態が続いています。

イスラム原理主義と民主化の壁

エジプトでも変革の荒波は終息していません。2013年7月、国民の投票によって初めて選ばれたモルシ大統領が、軍によるクーデターによって解任される事態が起きました。モルシ元大統領には、脱獄の罪などで死刑の一審判決が出ています。

この背景には、モルシ元大統領の出身母体である**ムスリム同胞団**[★]とほかのグループとの確執がありました。就任当初から懸念されていた問題です。特にこれまで旧政権を支えてきた軍部の一部は、新大統領の就任によって自らの利権が奪われるのではないかという不満があり、モルシ元大統領に抵抗していたのです。

ムバラク政権の崩壊で、イスラム原理主義勢力のムスリム同胞団

ムスリム同胞団
1928年にエジプトで結成された穏健派のイスラム原理主義組織。社会活動を展開する一方、選挙を通じて政治にも参加している。

が大変強い力を持つようになりました。イスラム原理主義といっても、それ自体が過激なわけではありません。イスラム原理主義は、あくまでも「みんなが神の下に平等だった昔の理想のイスラム社会に戻れ」というイスラム復興運動を重視している集団です。

そのなかにごく一握りですが、武力を使ってでも、テロをしてでも、その理想を実

〈column〉

検索できないキーワード

アラブ世界に民主化運動が広がったあと、中国内でもネットやツイッターを使って「ジャスミン革命をやろう」と人々が動き始めました。ところが、中国ではネットが厳しく監視されて、「ジャスミン革命」という言葉を検索できないように規制されました。「アラブの春」も同様でした。私も試したことがありますが、中国では天安門事件が起きた6月4日を連想させる「六四」も検索できませんでした。「アラブの春」は情報を伝えるメディアの役割と責任について、改めて考えさせるきっかけになったといえるでしょう。

現しようという人々がいます。それがイスラム原理主義の過激派、あるいはイスラム武装集団といわれる人々です。源流をたどると、中東地域のイスラム原理主義過激派の多くは、ムスリム同胞団から分かれた集団です。

エジプトのムスリム同胞団は穏健路線をとってきましたが、「いつまでも本当に穏健なのだろうか」と欧米諸国が心配していました。ムバラク政権はムスリム同胞団を徹底的に弾圧して、米国からの支援を得ていたのです。欧米各国はこの弾圧を黙認していました。

以前、カイロに行き、民主化運動に打ち込んでいた若者たちと話をしたことがありました。彼らは、「自分たちは本当の意味で民主化を求めていた。ところがムスリム同胞団、イスラム原理主義の連中に政権をとられてしまった」と失望感を抱いていました。つまり独裁政権が崩壊したと喜んでいたら、今度はイスラム原理主義が勢力を伸ばし、結局、自分たちの目指す民主化が実現できないという、きわめて皮肉な事態に陥ってしまったのです。

そしてさらに、軍によるクーデター、大統領解任後は、散発的にモルシ氏の支持派と反支持派による衝突も起きています。

独裁政権は倒れましたが、新たな勢力が民主化を阻んでいます

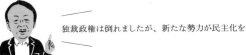

ユダヤ人と中東の関係は聖書まで遡る

ではなぜ、イスラエルが現在の土地に建国されたのでしょうか。歴史を遡り、簡単に触れておきましょう。ユダヤ人たちが信じている聖書は、キリスト教徒からみれば『旧約聖書』にあたります。この中で、神様がユダヤ人たちに「カナンの地をおまえたちに与える」と書いてあります。「カナンの地」とはどこか。それがまさに今のイスラエル付近でした。

このあたりに2000年前、実際にユダヤ人国家が存在していました。ユダヤ人がその土地を失う前、後世の迫害の歴史につながる大事件が起きました。『新約聖書』は『マタイの福音書』など4つの福音書から成りますが、その一つにこういう記述があります。

イエスがゴルゴタの丘で十字架にかけられます。ところが、そこを支配していたローマ帝国から派遣されたピラトゥス（ピラト）という総督はイエスにきわめて同情的だったようで、十字架にかける際に、本当にイエスを殺害していいのかどうかユダヤ人たちに問いかけたのです。

するとユダヤの人々は、「たとえその責任がわが子孫に及んでも構わない」と言ったというように記されています。つまり「イエスを殺害しろ」とユダヤ人みんなが言い、その結果、ユダヤ人の子孫が大変つらい目に遭おうと構わないと言ったとされているのです。

やがてユダヤの人々の国はローマ帝国によって滅ぼされます。ユダヤ人たちは住む土地を奪われバラバラに散っていきました。そして欧州世界にキリスト教が広がっていく中で、「イエスを殺したのはユダヤ人だ」と批判や差別の対象になっていき、ユダヤ人たちの文化や商習慣までもが嫌われるようになり、苦難の歴史が続いていったのです。

欧州社会などでさまざまな差別を受けながら、ユダヤ人はかつて王国があったパレ

〈column〉

旧約聖書と新約聖書の違いは？

新約聖書は約束の「約」を使い、翻訳の「訳」ではありません。これは神様との新しい約束を意味しています。キリスト教では、ユダヤ教の聖書のことを旧約聖書と呼びます。神様が人間たちと結んだ、あるいは神様がユダヤ人と結んだ古い約束、それが書かれているのが旧約聖書です。それに対してイエスが神からつかわされ、イエスを通じて人々が神様と結んだ新しい約束を新約聖書として区別しているのです。

スチナに戻ろうという運動を始めました。これが**シオニズム運動**［★］です。最初のシオニスト会議は、1897年にスイスのバーゼルで開かれました。シオニストの語源はシオンの丘に由来します。シオンの丘は、聖地エルサレムの神殿の丘から谷を一つへだてたところにあります。「神殿の丘が見える場所に帰ろう」という運動のことです。

そして悲劇的な歴史の一つであるナチスドイツによるユダヤ人の虐殺は、世界史の授業でも習ったのではないでしょうか。

戦後、**『アンネの日記』**［★］という本が出ました。ユダヤ人の少女アンネ・フランクがナチスドイツによる逮捕・処刑から逃れようと、オランダのアム

第2次世界大戦ではおよそ600万人のユダヤの人々が、ナチスドイツによって犠牲となった（ポーランド南部オシフィエンチムのアウシュビッツ強制収容所跡の式典で、ろうそくを置く参列者）＝ロイター／アフロ

シオニズム運動
19世紀に欧州で台頭した、ユダヤ人の国家樹立を目指した運動。世界各地に住んでいたユダヤ人のパレスチナ移住が進み、イスラエルの建国につながった。

『アンネの日記』
ナチスから逃れていたユダヤ系ドイツ人の少女アンネ・フランクによって書かれた1942～44年の日記。47年に出版。

ステルダムの一室に隠れていたときに書かれた日記です。彼女たちは何者かによって密告され、一家全員が捕まり、強制収容所に入れられてしまいます。

アンネ・フランクは母と姉とともに強制収容所で亡くなりましたが、生き残った父親が、フランク一家の支援者が管理していた娘の日記帳を発見。それをもとに出版されたのが『アンネの日記』で、世界的なベストセラーになりました。命を絶たれたユダヤ人の多感な少女によって書かれた小説を読むことで、世界はユダヤ人に理解を寄せ、同情的になった経緯があるのです。

エルサレムは3つの宗教の聖地

いわゆるエルサレムの旧市街（わずか1キロ平方メートル四方）にはユダヤ教とキリスト教とイスラム教、3つの宗教の聖地が集まっています。聖地が集まっているだけにこの旧市街は大変安全です。そこにはこんな背景があります。

旧約聖書に登場する話です。ユダヤ人の先祖でアブラハムという人がいました。アブラハムは神への信仰が篤《あつ》かったので、神様はアブラハムを試そうとします。「本当におまえが神のことを信じているなら、わが子（長男のイサク）を捧げてみろ」と命じたのです。アブラハムは丘の岩の上にイサクを横たえさせて、その胸にナイフを突き刺そうとしました。アブラハムの信仰心の強

批判や差別の対象だったユダヤ人に、世界は同情的になりました

さを知った神様は、彼がナイフを振り上げた瞬間、「おまえを試しただけだ。わが子を殺す必要はない」と言いました。この丘は神様の声を聞いた聖なる場所となり、ここに神殿がつくられ、「神殿の丘」と呼ばれるようになります。

ユダヤ教徒であるイエスも神殿の丘までやってきました。ユダヤ教の改革運動をしたことでユダヤ人の幹部たちの怒りを買って、イエスは神殿の丘のすぐ近くにある「ゴルゴタの丘」で十字架にかけられました。新約聖書には、イエスが復活し、信者たちの前に現れて教えを広め、やがてオリーブの丘（神殿の丘から谷を挟んだところにある丘陵）から昇天し、天国にのぼっていったと書かれています。イエスの墓があったとされる場所には「聖墳墓教会」があります。

エルサレムはキリスト教、ユダヤ教、イスラム教という3つの宗教の聖地（2000年3月、エルサレムにあるユダヤ教聖地「嘆きの壁」を前に十字を切る当時のローマ法王のヨハネ・パウロ二世）＝ロイター／アフロ

その後、このユダヤ教の神殿はローマ帝国によって壊されました。エルサレムの西側にその神殿の跡が一部残っています。これが**嘆きの壁**[★]です。今もユダヤ人たちが集まり、壁に向かってお祈りをしたり、経典を唱えたりしています。

「嘆きの壁」といわれる理由には2つの説があります。一つは、ユダヤ人たちが祖先のつらい過去、いろんな経験を思い出しながら嘆いているからという説。もう一つは、砂漠の乾燥地帯にある石の壁が夜中に冷えて夜露がつき、まるでユダヤ人のつらい歴史を見て、泣いているかのように見えるからという説です。

ローマ帝国によって神殿が破壊されたあと、アブラハムが長男のイサクを乗せたといわれる岩はむき出しのままさらされていました。現在、この岩が黄金のドームに守られている理由についても、少し触れておきましょう。

1400年ほど前、アラビア半島に預言者ムハンマドが現れ、神の声を聞いたとして、その教えを人々に伝えるようになりました。これがイスラム教の始まりです。ムハンマドがある夜、空を飛べる馬にまたがり、遠くの町まで一夜のうちに旅をし、そこから天にの

嘆きの壁
イスラエル東部にあるエルサレム神殿の外壁の現存部分。ユダヤ人の聖地とされる。

ぼり、神様や預言者たちに会って戻ってきたとされています。

ムハンマドはアラビア半島のメッカにいました。では、その「遠くの町」とはどこか。これがエルサレムだということになり、そのとき、ムハンマドはこの岩に手を突いて天国に上がって、神様、あるいはイエスなどに会って、また戻ってきたとされました。イスラム教にとってもここは非常に聖なる岩となります。これを守ろうということで、黄金のドームで覆うことになったのです。ちなみに、イスラム教の聖典は**コーラン**［★］です。

コーラン
イスラム教の聖典。預言者ムハンマドが神から受けた啓示をまとめたもの。114章から成り、信条、道徳・倫理、法規定なども含まれている。

〈column〉

声に出して読むべきもの

イスラム教の聖典「コーラン」とは、声に出して読むべきものという意味です。黙読してはいけません。コーランは、神様の言葉を暗唱して覚えている人たちが次々に戦死し、「このままでは、神様の言葉が世の中に伝わらなくなる。これを文書のかたちにしよう」ということになり、文字でまとめたものなのです。

中東和平を難しくしているものは何か

パレスチナ問題には、1993年に転機が訪れます。イスラエルとパレスチナの間で歴史的な合意が結ばれたのです。これが**オスロ合意**［★］です。ノルウェーがイスラエルとパレスチナの代表を密かに首都オスロに招き、和平協定を結ばせる交渉をしていたのです。

その結果、パレスチナの人たちが大勢いるヨルダン川西岸地区とガザ地区をパレスチナ自治区として認め、自分たちの選挙で代表を選び、自治を行うのを承認することになりました。ここを将来はパレスチナ国家にするという含みがありました。

このオスロ合意によって、**PLO（パレスチナ解放機構）**［★］議長だった**ヤセル・アラファト**［★］が、パレスチナ自治政府の議長になり、パレスチナ評議会がつくられました。国家でいえば、パレスチナ評議会委員が国会議員にあたり、パレスチナ自治政府の議長は大統領にあたります。

PLOというのは1964年に設立されたアラブ人の組織です。当初は比較的穏健な路線をとっていましたが、カリスマ的な指導者

オスロ合意
ノルウェーの首都オスロで交渉され1993年にワシントンで調印された、イスラエルとパレスチナの合意。

PLO（パレスチナ解放機構）
1964年、アラブ首脳会議が設立を決定したパレスチナ解放を目的とする組織の統合機関。反イスラエルの中心勢力となった。

ヤセル・アラファト
1929年エルサレム生まれ。69年PLO議長に就任。パレスチナ人の暫定自治を実現させ、94年ノ

ーベル平和賞を受賞。2004年没。

であるアラファト議長の下で、PLOは戦う組織に変わりました。

ところが2004年11月、アラファト議長が突然亡くなります。カリスマ的存在だったアラファト議長がいなくなってしまったあと、パレスチナ側は大きく分裂します。PLOには穏健派から過激派までさまざまな派閥があったのですが、それまではアラファト議長が

Memo 池上教授のメモ

日本に生まれ育つと、なかなか宗教のことがよくわからないでしょう。日本には「無信教」という言葉すらあるほどです。海外では「無信教」というと危険視されてしまうこともあるので注意が必要です。

出張や留学、海外旅行などで現地の人々と交流を深めていくうえで、宗教はその国の文化や歴史を知る大きな手がかりとなります。これからのグローバル化の時代、宗教の基礎だけでも学んでほしいと思っています。何も知らないと、怪しげな新興宗教団体の勧誘を受け、話を聞いて、ころりと信じてしまいかねません。宗教がどんなものなのかを基礎的に知っていれば、そんなに簡単に引っかかることなく免疫を持てるのではないかと思います。

抑え込み、一つに束ねてきたのです。

主流派の**ファタハ**[★]は、パレスチナ国家をつくるうえではイスラエルを国家として承認し、うまくやっていかなくてはならないという穏健派。これに対して、イスラエルは認められない、イスラエルをなくして我々の国家にすべきだと考えているのが過激派の**ハマス**[★]です。この結果、パレスチナ自治政府は2つに分断されています。

イスラエルにも、「たとえ一部であっても、神様から与えられた土地をパレスチナ人に分け与えるなどとんでもないことだ」と考えている過激派がいます。この過激派によって、1995年、イスラエルのラビン首相が暗殺されます。オスロ合意に調印したという理由で命を狙われてしまったわけです。

イスラエルの首脳にしてみれば、パレスチナと妥協すると自分の命が狙われることになります。パレスチナ側にとっても、イスラエルと妥協すると、妥協したことによって仲間から命を狙われる恐れがあります。それがパレスチナ和平交渉の難しさでもあるのです。

しかもアラファト議長の死をめぐっては、「毒殺ではないか」と

ファタハ
パレスチナ解放を目的にアラファトが1958年頃創設。PLOの主流派組織で、イスラエルとの交渉を通じた和平を目指している。

ハマス
1987年、ムスリム同胞団指導者らが発足を宣言。武装闘争路線を維持し、イスラエルを含む全パレスチナ解放を唱え、ファタハと対立していた。

いう疑いが出ています。アラファト議長の妻が議長の衣服を試料として、スイス・ローザンヌにある法医学センターに送り精密検査を依頼したところ、法医学センターは、ポロニウムという放射性物質がきわめて高い濃度で見つかったと発表しました。

さらに2015年9月、興味深い報道がありました。アラファト議長の遺族側から告発を受けていたフランスの司法当局が、第三者の関与を裏づける証拠が不十分だとして、捜査を打ち切ったというのです。「放射性物質は自然界に由来するものである」という、まったく異なる見解を発表しました。死因に関する真相は闇の中なのです。

ポロニウムは核兵器をつくる原子炉を

1993年9月、クリントン米大統領（中央）の立ち会いでオスロ合意に調印し歴史的な握手を交わしたイスラエルのラビン首相（左）とパレスチナ解放機構（PLO）のアラファト議長（ワシントン）＝ロイター／アフロ

持っている国でないと、手に入らない放射性物質とされています。アラファト議長の死が毒殺だったとすれば、誰が関わっていたのか憶測の域を出ませんが、こうした問題も和平交渉を難しくさせている面があることを覚えておいてください。

〝神に約束された土地〟をめぐるイスラエルとパレスチナ双方の一致点を探るのは、決して容易なことではありません。中東和平への道のりは遠く、決して平坦ではないのです。

第三章
Lecture. 11

テロを生んだもの、テロを終わらせるもの

ハイジャック機が衝突し倒壊したニューヨーク世界貿易センタービル。2001年9月11日＝AP／アフロ

米国が、アジア太平洋地域を重視する
新しい国防政策を推し進めています。
同時に、テロや反米を掲げる国々の
新たな脅威に備える必要もあります。
一方で、米国は財政状態が厳しく、
国際情勢の安定に貢献する「世界の警察官」の役割から
手を引こうとしています。
日本は憲法9条の解釈を変え、
同盟国・米国への支援体制を強化していますが、
その背景にはこうした米軍再編の取り組みがあるのです。
日本は「テロとの戦い」にどう協力し、
平和を維持していけばよいのでしょうか。

この回では東西冷戦終結後に中東で起きた「湾岸戦争」、米国中枢が襲われた同時多発テロを振り返ります。この2つの大事件は、米国にとって深いつながりがあるのです。また、自衛隊の「国際貢献」の転換点をたどり、今後の役割についても考えます。

アジア太平洋を重視する米軍

米国は2014年、**4年ごとの国防戦略見直し**（QDR）［★］を発表しました。戦略の見直しは4年に1度発表され、米国の安全保障政策の指針となります。同盟国や友好国との協力関係を強化し、テロやインターネットの世界を舞台にしたサイバー戦争などの新たな脅威に備えていくのが狙いです。

たとえば米海軍は2020年までに、アジア太平洋地域に配備する艦船の割合を現在の50％から60％に引き上げます。また、サイバー能力を強化して「サイバー特命部隊」を組織する計画です。日米両政府が米軍と自衛隊の役割を再定義する、「日米防衛協力のための指針（ガイドライン）」にも影響がおよぶことになります。

米国は2001年の同時多発テロ後、テロとの戦いのためにアフ

4年ごとの国防戦略見直し（QDR）
米国の安全保障政策の指針となる文書で、中長期的な兵力の配備などを定める。

ガニスタンやイラクでの戦争に突入し、巨額の戦費を投じて経済が疲弊した反省があります。オバマ大統領は、国際情勢の安定のために米国が担ってきた「世界の警察官」としての役割を終えようとし、一方で重点政策を掲げているのです。

国防予算にもその変化が表れています。米国防総省は2016会計年度（15年10月～16年9月）に、戦費を除く国防予算案として5343億ドル（約63兆円）を要求しました。要求額としては過去最大です。

ここ数年、米政府は財政難を理由に緊縮路線を続けており、兵力の削減計画を掲げていました。今回、一転して金額が大きくなるのには、最新兵器の開発・調達に力を

〈column〉

米国には債務の上限がある

米国の連邦議会は、政府がこれ以上借金を増やせないようにする債務の上限を設けています。その上限は16.9兆ドルです。これ以上の借金をしてはいけないということになっています。債務の上限に近づいてくると、一時的に連邦政府の公共機関が閉鎖されたり、国民が公共サービスを受けられなくなったりといった事態になります。これからもそんなニュースが報じられるかもしれませんので、注意して見ていてください。

入れようとしたという狙いがあります。テロとの戦いや中国、ロシアの台頭など国際情勢の変化に対応するため、ステルス戦闘機F-35、無人攻撃機、原子力潜水艦などを増強する計画なのです。サイバー攻撃対策も強化しようとしています。

操縦者のいない現代の攻撃機

戦略を見直す背景には、戦争のかたちが大きく変わってきている事情があります。その代表例が、敵への無人機を使った攻撃です。数百メートルから数千メートルぐらいの上空を、音もなくゆっくりと十何時間もぐるぐる飛行できる無人機を開発し、実戦配備しています。地上攻撃用のミサイルも搭載しています。ITやハイテクを駆使した最先端の軍事技術です。

実は、無人機自体は海外の紛争地帯から遠く離れた米カリフォルニア州の軍の基地で操縦されています。ゲームセンターに、座席に座って運転を楽しむ自動車ゲームがありますね。あのゲームとそっくりです。画面には、無人機が上空から撮影する地上の映像が映し出され、空を飛ばないパイロットたちが、その映像を見ながら上空からテロリストを捜し回るのです。

その結果、たとえばこんなことが起きたことがあります。ある日、アフガニスタンのある家に大勢のひげ面の男たちが車で集まってきた。銃を持って、発砲している。「何か悪いことをたくらんでいるのだろう。よし、攻撃してやろう」とミサイルを撃ち込む。ほぼ全員が即死状態です。ところがあとになって、実は結婚式のお祝いに集まっていた人々だったということがわかりました。かの地では、結婚式のお祝いで、空に向かって銃を発砲することがあるのです。気づいたときには手遅れです。無人機でテロリストの殺害にも成功していますが、まったく関係ない人たちも殺されています。この技術が今、世界で大変大きな問題になっているのです。

背景には、米国が「テロとの戦い」を掲げて軍事介入したイラクやアフガニスタンで、多くの米兵が亡くなり、政権は厳しい批判にさらされてきたという事情があります。無人機を使えば、兵士の人命という代償を払わずに米国への脅威の芽を摘むことができます。無人機を導入する国は増えていて、近い将来、無人機同士の空中戦をきっかけにした戦争が起こるかもしれません。

オバマ大統領は2014年1月の**一般教書演説**［★］で外交分野に関して次の発言をしています。

「同盟国とともに我々はアフガニスタンでの任務を年末までに完了

一般教書演説
米大統領が年に1回、重点的に取り組む政策課題を議会で説明する演説。

ITやハイテク技術の進歩により、戦い方も大きく変わりました

し、米国の最も長い戦争は終わる。（テロの）危険は残っている。我々は**アルカイダ**[★]の中核指導部を敗退に追いやったが、アルカイダ系組織やほかの過激派は世界のさまざまな場所に根を下ろし、脅威は進化している。（中略）必要な戦争は遂行しなくてはならない」

　このメッセージには、オバマ大統領のアフガニスタン撤退に対する当時の決意だけでなく、10年以上も続くテロとの戦いへの苦悩が映し出されているといえるでしょう。そこで東西冷戦の終結後、米国のテロとの戦いについておさらいしてみましょう。

アルカイダ
イスラム教スンニ派の過激派組織。世界中に支持者を持ち、テロを起こしている。ウサマ・ビンラディンが指導者だった。

〈column〉

無人機を使った戦い

　米国が無人機を使用した代表的な事例は、パキスタンです。パキスタン政府ですら手を出せない場所で、米国のCIAが無人機を使い、タリバン、あるいはアルカイダ系のテロリストを殺害したのです。私も以前、アフリカのジブチに行って米軍基地の前を走っていたら、無人機が着陸する場面を見ることができました。ミサイルを積んでいなかったから、おそらくイエメンで発射し、帰還したところだったのでしょう。

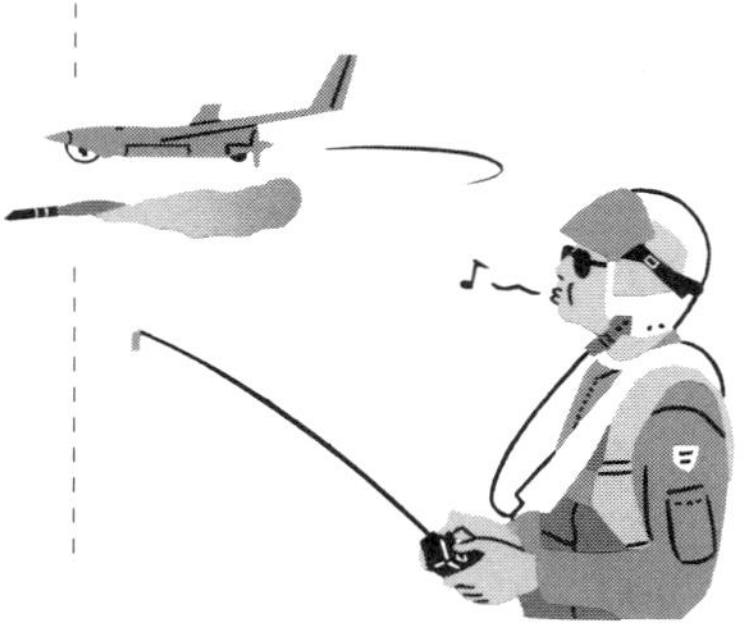

大国のいない「Gゼロ」の世界とは

1989年12月、当時のブッシュ米大統領（パパ・ブッシュ）とソ連のゴルバチョフ書記長によって、東西冷戦の終結が宣言されました（Lecture.8参照）。あれから四半世紀がたちました。米ソの緊張緩和によって、世界は核戦争という人類滅亡の危機から解放されました。ベルリンの壁が崩壊して東西ドイツが統合されたことは、そんな新しい時代の幕開けと評価することができます。

その一方で、ソ連の崩壊や米国の外交分野での影響力低下によって、世界を軍事力で支配するような強力な国がなくなりました。良い意味でも悪い意味でも、リーダーシップを持つ国がなくなったのです。米政治学者のイアン・ブレマー氏は、こうした世界を「G（グループ）ゼロの時代」と名づけました。経済や貿易に関する枠組みは広がっても、世界の秩序を保つ影響力を持つ国やグループがなくなり、流動化してしまったのです。

そして、新たな危機が生まれました。それがイスラム過激派に代表されるテロ（テロリズム）集団であり、イラク、イラン、北朝鮮などの反米思想を持つ国家が台頭してきたことでした。米国は、こうした終わりのない脅威との戦いにも直面しているのです。

それを象徴する紛争が、1990年代初めにペルシャ湾岸を舞台に起きました。イラクのクウェート侵攻をきっかけにした**湾岸戦争**［★］です。

イラクの当時の独裁者**フセイン大統領**［★］は、1990年8月、豊かな隣国クウェートの石油資源を狙って侵攻しました。同じく石油資源が豊かな隣国のサウジアラビアはイラク軍の侵略に危機感を持ち、大量の石油の輸出先でもある米国に防衛を依頼します。米国のブッシュ大統領（パパ・ブッシュ）は、要請に応えて米軍を派遣しました。さらに世界各国に呼びかけて多

米軍によって指導者のウサマ・ビンラディンは殺害されたが、国際テロ組織「アルカイダ」の活動は拡大している＝ロイター／アフロ

湾岸戦争
1991年1月、米国を中心とする多国籍軍がイラクのクウェート撤退を求めた戦争。イラク軍の敗北で2月に停戦。

フセイン大統領
1937生まれ。79年イラクの大統領に就任。2003年のイラク戦争で米軍に拘束。06年イラク高等法廷で裁かれ死刑。

国籍軍を結成。１９９１年１月、イラク軍を攻撃してクウェートから追い出したのです。

それから約10年後に米国へのテロ攻撃を実行することになる**ウサマ・ビンラディン**［★］は、このときサウジアラビアにいました。ビンラディンは富豪一族の出身で、イスラム教の聖地メッカとメディナのあるサウジアラビアに、異教徒の軍隊が駐留することが許せませんでした。彼は国王を批判したため国外追放となります。米軍のサウジ駐留に怒ったビンラディンは、反米意識を募らせ、アフガニスタンに渡ってアルカイダを国際テロ組織へと発展させたのです。

「テロとの戦い」はいつ終わる？

２００１年９月11日、米国内で４機の航空機が同時にハイジャックされました。このうち２機が、ニューヨークの世界貿易センタービルの２棟にそれぞれ突っ込み、ともに崩壊しました。

もう１機は、ワシントンにある国防総省ビル、通称「ペンタゴン」に突っ込みました。

さらにもう１機は、ハイジャックされたことに気づいた乗客たち

ウサマ・ビンラディン
サウジアラビア出身。アルカイダの指導者として米同時多発テロを指示したとされる。２０１１年に潜伏先パキスタンで米軍などにより殺害された。

冷戦終結後、反米思想のテロリストが台頭し、世界は新たな脅威に直面しています

が阻止しようとしたため、ペンシルベニア州ピッツバーグ郊外に墜落しました。この航空機は、ワシントンの連邦議会が目標だったことがわかりました。

この米同時多発テロは、米国人だけでなく日本人など世界各国を含めて数千人もの犠牲者を出した大事件でした。

いま大学生の読者の多くは小学校に入学する前だったでしょうか。大人たちはニュースを見たり新聞を読んだりしてリアルタイムで経験した事件ですから、「みんなが知っていること」と思って、子どもにわざわざ教えることをしませんでした。事件のことをよく知らないいま大学生になった方も多いのではないでしょうか。

4機の航空機を乗っ取った犯行グループは、アルカイダに所属するサウジアラビア出身者が多くを占めていました。同時多発テロの直後、米国の**ジョージ・ブッシュ**[★]大統領は、首謀者はビンラディンだとして、かくまっていたアフガニスタンの**タリバン**[★]政権に引き渡しを求めます。しかし、タリバン政権はこれを拒否。ブッシュ大統領は「テロリストをかばう者も同罪だ」として、英国とともにアフガニスタンを攻撃したのです。

ジョージ・W・ブッシュ
1946年生まれ。第43代米大統領。同時多発テロ以降、アフガニスタン侵攻、イラク戦争を指揮。父は湾岸戦争を主導した第41代大統領。

タリバン
アフガニスタンのイスラム原理主義勢力。内戦後、1996年から政権をとる。2001年に崩壊したが06年頃から再び攻勢を強める。

さらに2003年になると、ブッシュ大統領は「テロとの戦い」を掲げてイラクを攻撃しました。湾岸戦争後も政権を維持していたイラクのフセイン大統領が大量破壊兵器の開発を進めているというのが、その理由でした。また、フセイン政権が、パパ・

同時多発テロの被害とその後の動き

2001年	国際テロ組織「アルカイダ」メンバーが米航空機4機をハイジャック
	2機が突入したニューヨークの世界貿易センタービル2棟崩壊
	1機が米国防総省ビルに突入
	1機がペンシルベニア州に墜落
	米英軍がアフガニスタン空爆、タリバン政権崩壊
2003年	イラク戦争、フセイン政権崩壊
2011年	米軍特殊部隊がパキスタン潜伏中のビンラディン容疑者を殺害
	米軍、イラクから撤退

航空機が突入した世界貿易センタービル
＝ロイター／アフロ

ブッシュの暗殺計画を立てていたことにも怒っていました。しかし、大量破壊兵器は見つかりませんでした。フセイン政権はとっくに開発を断念していたのです。

米国の攻撃によって政権は崩壊し、フセイン大統領は死刑判決を受けて処刑されました。このあと、イラクは内戦状態に突入します。イラクには、民族としてはアラブ人とクルド人が住んでいますが、宗教ではイスラム教の**スンニ派**と**シーア派**［★］に分かれていました。フセイン大統領が少数派のスンニ派に属していたこともあり、スンニ派を優遇し、シーア派やクルド人を弾圧してきた歴史があるのです。

フセイン大統領亡きあと、スンニ派とシーア派の対立が激化し、内戦状態となりました。こうした事態は、開戦前から予測できていたことだといわれています。というのも、ブッシュ大統領は、フセイン政権を倒せば、宗教対立や民族対立を抑え込んでいた重しがなくなり、内戦状態になる可能性が高いということを攻撃前に報告されていたからです。ブッシュ大統領はそれでも開戦を決断したのです。

ブッシュ政権を引き継いだオバマ大統領は、終わりの見えないイラクとアフガニスタンでの戦いから米軍を撤退させる目標を定めま

スンニ派・シーア派
イスラム教の二大宗派。全体ではスンニ派が圧倒的多数だが、イラクではシーア派が多数を占める。

した。いつも米国が撤退の口実にするのは、「米軍がいなくても治安は維持できるから」という言い訳です。ベトナム戦争から手を引くときも同じでした。

まず戦闘部隊をイラクから撤退させましたが、自爆テロなどの混乱は続いています。撤退方針を決めているアフガニスタンでも、米国の攻撃で一時崩壊状態にあったタリバンが復活して攻勢を強めています。治安は好転せず、イラクと同様に混乱が残されたままなのです。中東情勢を揺るがしている過激派組織「イスラム国」（IS）につながるイスラム教スンニ派のテロ組織が、こうしたイラクの混乱の中で生まれました。

組織が大きくなる当初は、「イラクのイスラム国」と名乗っていました。隣国のシリアが政府軍と反政府勢力による内戦状態に陥ると「イラクとシリアのイスラム国」と名前を変えて介入し、勢

米同時多発テロからほぼ1カ月後、米英軍はアフガニスタンを空爆した。2001年10月8日＝米国防総省提供

独裁政権の崩壊で、民族や宗教の対立が激化しました

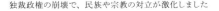

力範囲を一気に拡大します。さらにイラクを拠点にするようになり、現在の「イスラム国」へと改名したのです。

いまや中東地域だけではなく、イスラム世界全体を統一するとの野望を見せ、指導者は自らを預言者ムハンマドの後継者「カリフ」と名乗っています。「カリフ」とは第1次世界大戦で敗れたオスマン帝国時代まで使われていた制度でした。

「イスラム国」が掌握する地域には、おそらく800万人以上のアラブの人々が暮らしています。その広大な地域を支配する体制には、かつてイラクのフセイン政権を支えたスンニ派の元官僚などが加わっているのです。過激派組織の実態は国家制度に近いといっ

てもいいでしょう。従来のようなテロ組織とは異なります。

さらに、スローガンには「サイクス・ピコ体制の打破」を掲げています。サイクス・ピコ密約とは、第1次世界大戦中、英国とフランスが、オスマン帝国が崩壊したらその支配地域を山分けしようとして結んでいた密約のことです。大戦後、英国はパレスチナやイラクなどを支配下に置き、フランスはシリアを支配しました。かつて欧州の強国が勝手に引いた国境線を打ち破ったという点が、イスラム世界で支持を集める要因にもなっているのです。

ビンラディンは殺害したが……

米同時多発テロから10年たった2011年5月、パキスタンに潜伏していたビンラディンを米軍の特殊部隊が急襲して殺害しました。米国は、攻撃をパキスタン政府に事前に通告することなく、独自の奇襲作戦として敢行しました。パキスタン政府に伝えて、ビンラディンに漏れてしまうことを恐れたからです。米国は、ビンラディンがパキスタンに潜伏していたので、国内に支援組織があるのではないかと疑っていたのです。

宗派対立は、日本人が考える以上に民族紛争や内戦の大きな火種になります。いわゆる中東の民主化運動「アラブの春」によって、シリアでは独裁的なアサド政権に対する反対運動、民主化運動が内戦へと発展しました。アサド政権は、イスラム教シーア派に属します。さらにいうと、シーア派の中でもごく少数のアラウィ派に属します。

　つまり、シリアという国はアラウィ派という少数派が多数のスンニ派を支配してきたのです。アサド政権に反対するのはスンニ派というグループ分けができます。その結果、スンニ派とシーア派という宗教的な対立の色彩を帯びてきて、周辺の

2011年5月1日、ホワイトハウスの作戦司令室でビンラディン容疑者の急襲作戦を見守るオバマ大統領（左から2人目）と閣僚ら＝UPI／共同

シリアでは宗派対立にアルカイダ系組織が絡み、
複雑な構図になっています

スンニ派の国であるサウジアラビアやカタールがシリアの反政府勢力を支援して、激しい内戦状態になったわけです。

米国が育てたウサマ・ビンラディン

では、ビンラディンはどのようにテロ組織を築いていったのでしょうか。それは1979年12月、**ソ連の軍隊がアフガニスタンに侵**

ソ連のアフガニスタン侵攻
1979年12月、アフガニスタンの政権紛争にソ連が軍事介入。89年まで続いた。

Memo
池上教授のメモ

中東でしばしば自爆テロがあります。個々の事情はありますが、基本的にもう失うものがないという人たちが一番危険なのです。つまり、敵によって家族を殺されてしまった。愛する家族を殺されて一人になってしまった。もう自分の命以外、捨てるものはない。こういう状況の中で自分の命を捨てて敵に打撃を与えようという発想も生まれてくるのです。

内戦が終わって一番大事なことは、二度と戦争をしないようにすることです。テロを起こさないようにするには、人々がまともな生活をする環境をつくっていくことが大切です。働いて、お金を稼ぎ、家族を養うという当たり前のことを少しでも体験してもらう。これが国づくりになるということです。

攻［★］したころにまで遡ることができます。ソ連はアフガニスタンでソ連寄りの政権が分裂したことに危機感を抱き、改めて自国寄りの政権を樹立させるために侵攻したのです。

ソ連軍の侵攻に対し、アフガニスタンで戦うイスラム教徒の兵士たちは**ムジャヒディン**（**イスラム聖戦士**）［★］と呼ばれました。世界各地から「同胞のイスラム教徒を救え」と駆けつけてきました。宗教を否定するソ連と戦うことは、イスラム教徒の聖なる義務とされたからです。

これを米国が支援しました。東西冷戦下、米国はソ連と戦う勢力なら誰でも応援したわけです。アフガニスタンはベトナムのように東西冷戦の代理戦争の舞台になりました。このとき、サウジアラビ

アからビンラディンも駆けつけていました。そして、イスラム世界から集まってきた兵士たちの名簿を整理するためにつくった組織がアルカイダになったのです。アルカイダとは「基地」という意味です。

米国はパキスタン軍の諜報組織を通じて武器をアフガニスタンに送り込んでいました。結果的にビンラディンらの組織を支援していたことになります。「聖戦で死ねば天国に行ける」と信じるムジャヒディンたちは、米国の最新兵器で武装し、ソ連軍を苦しめました。アフガニスタンはまさに第2のベトナムとなったのです。結局、

ムジャヒディン
イスラム教の教えに従い戦う戦士のこと。

〈column〉

アルカイダはブランド名？

ウサマ・ビンラディン亡きあとの「アルカイダ」は、有名ブランドを掲げるフランチャイズ方式のようなテロ集団ではないかと思います。ビンラディンは世界中に組織をつくっていたわけではありません。各地域で過激派思想に染まった連中がそれぞれ勝手にアルカイダを名乗っているのです。アラブ世界では、米国支配に対抗し、米国を打ち倒すことをスローガンに掲げると、それを資金面で応援したいという支援者がいるのです。

1989年2月にソ連軍は撤退しましたが、ソ連軍兵士の死者1万5000人、アフガニスタン国民の死者150万人という大きな悲劇を生みました。

アフガニスタンの紛争でビンラディンを援助したように、実は中東地域で強大な力を持ったイラク軍を援助したのも米国でした。それは、1980年から8年も続いた**イラン・イラク戦争**［★］がきっかけでした。イランが反米国家だったため、米国はイランに敵対するイラクを支援したのです。

イラン・イラク戦争
1980年9月、国境の領有問題を発端にイラクの攻撃で開戦。88年に停戦。

イランはなぜ「悪の枢軸」になったのか

2002年、ジョージ・ブッシュ米大統領が演説で、イラクとイランと北朝鮮、この3つの国を「悪の枢軸」と名指ししました。枢軸というと、第2次世界大戦の際に枢軸国を構成したドイツ、日本、イタリアの3カ国をイメージさせます。

米国がイラクを攻撃する前、こんなエピソードがありました。
「イラクが大量破壊兵器を持っているかもしれない。北朝鮮も核開発をしようとしている。イラクと北朝鮮に対して警告を出すべきだ」

といって、当時の国務省がイラクと北朝鮮を非難する演説文の下書きを出して、ブッシュ大統領に渡したのだそうです。するとブッシュ大統領は、イラクと北朝鮮だけだと、どうもインパクトに欠ける。「悪の枢軸」という言葉を思いついたので、この言葉を使うためにイランを入れたというのです。にわかには信じがたい話ですが、本当だとすればとんでもない話です。この当時イランは反米ではなかったからです。

今も北朝鮮は米国を敵視する政策を変えていません。核開発やミサイル開発を諦めておらず、米国を直接対話の交渉のテーブルに着かせようとしています。事実上の3代にわたる〝金王朝〟を守るには、米国の軍事介入を防がなくてはならないと考えているのです。北朝鮮が国際的に孤立を深める中で、今後どのような手段に打って出るのか、まったくうかがい知ることができません。

イランは1979年の**イラン・イスラム革命**[★]で王制を倒したあと、テヘランにある米大使館の占拠事件を起こして以来、反米国家として厳しく対立してきました。しかし、イランでは最近の大統領選挙でアフマディネジャドという反米保守強硬派からロウハ

イラン・イスラム革命
1978年にシーア派のホメイニらを指導者として勃発。翌年、独裁政権を倒しイラン・イスラム共和国が成立。反米、反ソ路線をとった。

ニという穏健派の大統領に交代しました。彼はオバマ米大統領と電話会談をするなど、急速に米国と接近しています。外交政策で大きな実績を残したいオバマ大統領も、イランとの関係改善には前向きだといわれています。

私は2013年秋、イランを取材しました。以前はテヘラン市内に「米国は信用ならない」というポスターが掲示されていたのですが、突然撤去されていました。どうやって世論調査を実施したのかは不明ですが、「イラン国民の9割が米国との関係改善を望んでいる。だから、こういう反米的なポスターは撤去する」ということになったというのです。

ブッシュ米大統領がイランを「悪の

イランは穏健派のロウハニ大統領の就任によって、米国との関係改善を進めようとしている（2014年1月、スイス・ダボスの世界経済フォーラム年次総会）＝AP／アフロ

枢軸」の一つとして名指ししたとき、当時、欧米文化にも精通した知識人のハタミ大統領が米国との関係改善を目指していました。核開発疑惑を国際社会から批判され、核開発の凍結を表明してもいました。しかもイランは2001年の米同時多発テロに際して、米国にお悔やみのメッセージを送っていました。

ところが米国との関係を改善しようとしていた矢先に、「悪の枢軸」だと名指しされ、ハタミ大統領の立場が危うくなりました。米国のイラク攻撃もあって、イランでは保守強硬派が台頭し、2005年に反米保守強硬派のアフマディネジャド大統領が就任したいきさつがあるのです。

ただし、実際に米国とイランの関係改善が進むと、中東情勢には新たな波紋が広がるでしょう。というのも、イランと仲が悪いサウジアラビアとイスラエルがいるからです。サウジアラビアはイスラム教のスンニ派が多数を占めていて、シーア派が多数を占めるイランとはそもそも仲が良くありません。

さらにイランのアフマディネジャド前大統領は就任早々、「世界地図からイスラエルを抹消しなければいけない」とまで言っていました。イランの新しい大統領が穏健派だとしても、イスラエルと信頼関係を築くのは容易なことではありません。

この回の冒頭で取り上げた米軍の国防戦略は、冷戦終結後のこうしたテロ組織や反米を掲げる国々との戦いをふまえた新たな方針なのです。しかし、脅威に対する判断を誤ったり、強引に他国へ介入したりすると、混乱がさらに大きくなって収拾がつかなくなることを歴史は物語っています。歴史に学ぶことが大切であるという証です。

米国に対抗する中国のアジア戦略

米国は新しい国防戦略で、アジア太平洋地域を重視する姿勢を明確に打ち出しました。テロの脅威に対する戦略とは異なりますが、第2次世界大戦後の重要な戦略でもあるので、その意味を考えてみます。

米国の新戦略とほぼ同じ時期、中国が発表した2014年の国防予算（中央政府部分）は金額では初めて8000億元を超えました。2015年も8800億元（約16兆円）を超え、5年連続で2ケタの伸び率となっています。国防予算の公表額では、米国に次いで世界2位に相当します。海空軍の最新鋭設備を導入することに力を入れるためです。しかし実は、公表額の数倍の軍事費が投入されているというのは、軍事関係者の常識です。

中国は経済成長率の伸びが鈍化しています。それでも国防予算を増やし続ける背景には、米軍のアジア太平洋地域での戦略に対抗する狙いがあります。報道国産空母の建造を始め、独自のステルス戦闘機の開発を進めています。報道

中国の国防予算額は、米国に次いで世界２位です

によれば、李克強《りこくきょう》首相は2015年3月の**全国人民代表大会**[★]で「国境・領海・領空防衛の安定を保つ」と、強い姿勢で臨むことを表明しています。

中国軍はいわゆる太平洋地域では、「2つの防衛線」にターゲットを置いた戦略を描いているといわれます。一つ目は沖縄本島から南シナ海に続く「第1列島線」、二つ目は東京からグアムなどを結ぶ「第2列島線」と呼ばれるものです。日本周辺で中国軍の動きが活発になっているのも、太平洋地域への展開力を高める狙いがある

全国人民代表大会
全人代。中国の国家権力の最高機関で国会に相当する。年1回開催。

〈column〉

中国の防空識別圏が新たな火種に

中国が東シナ海に防空識別圏を拡大したことに対し、識別圏が重なる日本だけでなく、欧米諸国は、中国の“力”による現状変更は認められないと表明しました。海外メディアの関心も高く、「西太平洋での勢力拡大を目指す中国が米国に新たな挑戦状を突きつけた」などという米中関係に言及する論調も目立ちました。この問題は単に日中の対立という構図にとどまらず、米中関係の新たな火種になりつつあるともいえるのです。

ためです。

中国は習近平国家主席の体制に移ったあと、海洋進出の動きを強め、沖縄県・尖閣諸島周辺や南シナ海での活動を活発化させています。特に南シナ海では南沙（スプラトリー）諸島などの複数の領有権を主張し、東南アジア諸国の批判をよそに、埋め立て工事という強引な手法で新たな拠点づくりを進めています。今後も太平洋や南シナ海での海と空の影響力を強める行動に出る可能性が高いのです。日本の自衛隊の活動にも、大きな影響がおよぶかもしれません。

変わりゆく自衛隊と日米同盟の姿

オバマ米大統領は2014年初めの一般教書演説で、「我々は引き続きアジア太平洋地域を重視する。同盟国を支援し、より安全で繁栄する未来をかたちづくる」と宣言しました。この言葉の意味が、今後の日米同盟をめぐる議論の中で明らかになってくるでしょう。

沖縄の米軍普天間基地の移設問題も、アジアでの米軍再編計画（Lecture.5参照）の中にあります。安倍政権が憲法解釈を変更して集団的自衛権を可能にしたのも、米軍との協力関係を深め、行動範囲を広げられるようにしようという思惑があります。その根幹にあるのが日米安保条約なのです。

日本は60年安保闘争のあと、「安全は米国が守ってくれる。防衛費にお金を出す必要はない。経済に力を入れよう」と舵を切りました。経済に専念することによって高度成長の道をひた走ることができたという側面があります。

日本がこれからの平和を維持するためのコストをどう考え、負担していけばよいのか。日米安保条約と米軍基地をめぐる問題は、好むと好まざるとにかかわらず新たな段階を迎えているのです。

戦後の日本には、与野党とも、自衛隊に関しては総じて、「あくまで自衛のための組織だから海外には行くべきではない」という考え方がありました。

しかし、転機が訪れました。1991年の湾岸戦争です。当時の米国のブッシュ大統領（パパ・ブッシュ）はイラクからクウェートを取り戻すために、粘り強く各国にはたらきかけて多国籍軍をつくりました。このとき、多国籍軍に日本も加われという圧力がかかったのです。

でも、自衛隊は日本の国を守るものであって、ほかの国の戦争に参加するものではないと日本政府は主張しました。その代わり、日本は2度に分けて多国籍軍に90億ドルと40億ドル、合計130億ドルという多額の資金援助をしたのです。1兆円をはるかに上回る巨額の援助です。

イラクがクウェートから撤退し、湾岸戦争は多国籍軍が勝利しました。そのあとクウェートは祖国を解放してくれた世界の人々に感謝の気持ちを表明するため、『ニューヨーク・タイムズ』などさまざまな新聞紙面に支援国の名前を挙げたのです。ところが、その中に日本は入っていませんでした。

当時、日本国内では「130億ドルも援助したのになぜ感謝されないのか」という議論が起こりました。そして「それは、血を流すことも、汗を流すことも嫌だ。金で解決しようという考え方がいけないのではないか」との結論になったのです。

ここから、自衛隊を海外に派遣させる仕組みが議論され、1992年、**国連平和維持活動協力法**（**PKO協力法**）［★］の成立につながったのです。これは国会で大激論となりました。その後、これまでに自衛隊PKOはカンボジアなど東南アジア、イラクやシリアのゴラン高原など中東、南スーダンなどアフリカに幅広く派遣され、実績を積んできました。

自衛隊の活動は、道路工事や飲料水の確保など現地の人々の生活基盤を整備するような復旧・補給活動が中心です。こうした地道な人道支援活動を通じて、現地と良好な関係を築いてきたことも事実

国連平和維持活動協力法
（PKO協力法）
1992年成立。人道的な国際援助を目的とする。自衛隊海外派遣の根拠となる法律。

です。

中東を長年取材している経験を踏まえていえば、こうした自衛隊の取り組みに加えて、粘り強い外交や経済協力によって、地域紛争や民族対立を生まないような土壌づくりを積み重ねていくことも大事ではないかと考えています。テロの温床になるような貧困を取り除く地道な活動も、日本の中長期的な国際貢献策になるのではないかと思うのです。

日本は国際貢献を具体的に示すため、PKO協力法を成立させた（カンボジアに向けチャーター機で飛び立つ陸上自衛隊PKO派遣部隊。1992年10月、愛知・小牧基地）

日米同盟をどのように築いていくのかが問われている。離島防衛のための米海兵隊との共同訓練に参加する陸上自衛隊（2012年9月、グアム島アプラ港米海軍基地）＝共同

〈column〉

米大統領の3選禁止と「レームダック」

オバマ米大統領は就任2期目に入りました。米大統領には3選はないので、2016年には次の新大統領を選ぶことになります。任期が終わりに近づいてくると、大統領の指示を聞かず、反対する人たちが出てきます。こうして指導力を発揮できなくなり、大統領自身も意欲を失っていく状態を、「レームダック（ヨタヨタ歩きのアヒル）」化と呼びます。アジアや欧州の情勢変化にどうリーダーシップを発揮していくのか、重要な局面を迎えます。

では、日本そして自衛隊は今後、同盟国である米国から協力を求められたとき、そして世界から国際貢献を求められたときに、どのような行動をすべきなのでしょうか。

日本の将来を考えるうえで、今も鮮明に記憶に残っているやりとりがあります。

私は2012年末の衆院選のときに、テレビで開票特別番組を担当しました。首相になる前の安倍晋三総裁にこう質問しました。「国防軍をつくって、交戦規程を設けたいということは、将来、首相になった場合、国防軍に死者が出るような命令をすることもあるという認識を持っているということでよいのでしょうか」と。

すると安倍総裁は、「自衛隊員は自衛隊に入るときに、国家のため、国民のために尽くしますという誓約書を書くことになっているわけですから、当然、誇りを持って命令に従ってくれるでしょう」という言い方をしました。

つまり安倍さんは本気だということです。国防軍ができて交戦規程ができれば、戦闘行為に際して隊員が死ぬかもしれないけれども、戦えという命令をする場合があると、私は解釈しました。

その後、安倍さんは首相になり、成長政策「アベノミクス」を推し進める一方、日米同盟の新しい姿を模索する過程で、歴代内閣が平和憲法の下で否定してきた「集団的自衛権」を認める大転換を実行しました。次は憲法改正への議論が始まるはずです。私たちは、これからも平和や国際貢献をめぐる議論がどのような方向に進んでいくのか、しっかりと見ていく必要があります。そのうえで、日本は何を選択すべきなのか、本当に日本にとって必要なのかどうか、あなた方一人ひとりに考えてほしいのです。

日米同盟の新たなかたちが、つくられようとしています

第三章
Lecture. 12

戦争のない世界を目指して

イラク戦争の抗議デモを行うフィリピン・マニラの子どもたち。2003年4月1日＝ロイター／共同

2014年、ロシアがウクライナ南部の
クリミア半島を編入し、ウクライナという国は分裂しました。
ロシアのプーチン大統領が
欧米諸国の批判をよそに編入を決断したのは、
「旧ソ連のEU加盟は認めない」という
強い意志表示です。EUは「戦争のない世界」を目指す
試行錯誤の中で誕生しましたが、ウクライナ危機は
その理念実現の難しさを映しています。
アジアでも、中国の台頭によって
第2次世界大戦後の枠組みが崩れつつあります。
最後の講義では、戦争のない世界はどうしたら
実現できるのか、考えてみましょう。

この回では〝第2の冷戦〟ともたとえられる米ソ対立を生んだ「ウクライナ危機」の背景、EU統合までの長い道のりを振り返ります。欧州の試行錯誤を踏まえ、私たちが生きるアジアのこれからについて思い描いてみましょう。

なぜロシアがウクライナに介入するのか

2014年3月16日、**ウクライナ**［★］南部のクリミア半島に位置する**クリミア自治共和国**［★］で、ロシアへの編入の賛否を問う住民投票が行われました。即日開票され、投票総数の9割が賛成を示したと発表されました。クリミアのロシア人を保護する名目で侵入したロシア軍の装甲車両が結集し、兵士が見守る中での異常な投票でした。

この直後の18日、**プーチン大統領**［★］は上下両院議員や政府幹部を前に演説します。「住民投票は民主的で合法的である」「クリミアとロシアは同じ歴史を持っている」などと主張し、ロシア議会にクリミア編入のための条約を支持するように訴えたのです。演説後、プーチン大統領は編入に必要な条約に調印し、議会による条約の批

ウクライナ
ソ連崩壊後、1991年に独立。穀倉地帯として知られ、天然資源も豊富。

クリミア自治共和国
ソ連崩壊後に独立を宣言したが、ウクライナの自治区となる。2014年3月ロシアに編入された。

ウラジーミル・プーチン
1952年生まれ。2000年に第2代ロシア連邦大統領に就任。12年に第4代大統領に再任。国民からは高い支持率を得ている。

準など矢継ぎ早に手続きが進められました。

一方、ロシアは経済・軍事の両面からウクライナに圧力をかけました。クリミアではロシア通貨「ルーブル」を流通させたり、年金生活者の支給額をロシア並みに引き上げることを表明したりしたのです。ウクライナ政府には、パイプラインを使って輸出した天然ガスなどの代金支払いを求めました。代金は日本円に換算して1兆円を大きく超えます。これまではロシアがクリミア半島にある海軍基地を利用していることを条件に代金を割り引いてきましたが、この

ロシアのプーチン大統領は矢継ぎ早にクリミア編入の手続きを進めた（2014年3月21日、モスクワのクレムリンでクリミアをロシアに編入する文書に署名）＝Mikhail Klimentyev／RIA Novosti／ロイター／アフロ

ロシアはウクライナに対し、経済と軍事の両面から圧力をかけました

ウクライナ国境付近のロシア軍軍用車と武装した兵士たち。2014年3月1日＝ロイター／アフロ

条件を破棄すると通告したのです。

ウクライナは、かつてのソ連（ソビエト社会主義共和国連邦）を構成する15の共和国の一つでした。人口は約4500万人。ロシアと欧州を結ぶ天然ガスのパイプラインが通るなど、東西の経済圏を結ぶ要衝にあります。1991年のソ連崩壊後に独立を宣言し、2004年の民主化運動、**オレンジ革命**［★］では親欧政権を樹立したこともありました。

歴史をたどると、東部はロシアに、西部は近隣のポーランドに支配されていた時代も長く、大国による勢力争いに翻弄されてきたともいえます。地域的に東・南部はロシア系民族が多いこともあって親ロシア派です。中・西部

オレンジ革命
2004年のウクライナ大統領選挙をめぐる抗議運動。シンボルカラーからこの名がついた。

は親欧志向が強い傾向があります。国家としては東西分裂の危機をも抱えているのです。

なぜプーチン大統領はこれほどクリミアの編入にこだわるのでしょうか。そこには、旧ソ連を構成した国々がEUに加盟して政治や経済の欧米化路線を歩むことを防ぐ狙いがあるのだと思います。ロシアは旧東欧諸国がEUに加盟したり、NATO（北大西洋条約機構）に参加したりすることは容認してきましたが、旧ソ連を構成していた国までは、それらを認めないのです。

それでも旧ソ連から独立したバルト3国のリトアニア、ラトビア、エストニアはすでにEUに加盟していますが、この3国は、ソ連崩壊前に独立を果たしていましたし、

〈column〉

青空と小麦畑

ウクライナの国旗を見たことがありますか。上半分は青色、下半分は黄色で描かれています。これは青空の下の小麦畑をイメージしたものです。豊かな農村地帯を抱え、欧州の穀倉地帯とも呼ばれました。かつて、ソ連では「ウクライナの小麦でソ連全体のパンが養われている」とたとえられました。1986年に原発事故を起こしたチェルノブイリ原子力発電所があったのも、ウクライナでした。

現在のロシアにとって、それほど重要な場所ではありません。しかし、ウクライナは対欧州戦略の要衝にあり安全保障上の重要性が異なるといえます。ウクライナが親欧路線を進めると、ＮＡＴＯの一員になることも予想されます。ウクライナ東部にはロシア向けの軍需工場もあり、ＮＡＴＯに参加した場合、ロシアの軍事機密がＮＡＴＯに筒抜けになる恐れもあるので、ロシアにとって大きな脅威なのです。

〝第2の冷戦〟時代の幕開け

第2次大戦後、ソ連の独裁者スターリンは周囲に親ソ連政権を次々樹立し、軍事力によって支配してきました。対欧州を想定した戦争の緩衝地帯として備えていたのです。スターリンの後継者たちも、ハンガリーやチェコスロバキア（現在はチェコとスロバキアに分離）で民主化運動が広がり始めたときには、軍事侵攻して有無を言わさず弾圧していました。

まず1956年、ハンガリーで民主化運動が起きました。共産党の一党独裁を改め、複数政党にしようと動き始めたのです。ところがハンガリーにソ連軍が攻め込んで、およそ3000人が殺害されました。さらに、約20万人が世界に亡命していったとみられています。

クリミア編入には、旧ソ連の国々の欧米化路線を防ぐ狙いがあります

1968年にはチェコスロバキアで民主化運動が起きました。首都プラハが中心になったので**プラハの春**［★］と呼ばれました。ちなみに、中東などで起こった民主化運動を「アラブの春」というのは「プラハの春」をイメージしているからです。

これもまたソ連軍によって弾圧されました。当時のソ連共産党はブレジネフ書記長。彼は**ブレジネフ・ドクトリン**［★］を発表しました。おおまかな内容をご紹介しましょう。

「一国の社会主義の危機は、社会主義ブロック全体にとっての危機であり、ほかの社会主義諸国はそれに無関心ではいられない。全体の利益を守るためには一国の主権は乗り越えられる」というものでした。つまり、「ソ連あるいは東欧は社会主義ブロックである。その社会主義ブロックで、どこかの国が離脱するようなことになれば、これは全体にとっての危機である。その動きを止めることが全体の利益になる」という考え方です。

ソ連は1991年、共産党の解散、エリツィン・ロシア大統領らによる独立国家共同体（CIS）の創設によって崩壊してしまいました。その後、エリツィン大統領の下で首相に選ばれたのが現在のプーチ

プラハの春
チェコスロバキアで1968年の春から夏にかけて行われた一連の民主化運動。ソ連軍により8月に弾圧された。

ブレジネフ・ドクトリン
個々の社会主義国は社会主義共同体全体に対し責任を負っているという考え方。

ン大統領です。ソ連時代には**ソ連国家保安委員会**（KGB）［★］という秘密警察に所属し、東ドイツに駐在して西ドイツの情報を探っていました。

　首相を務めていたプーチン氏は独立を求めるカフカス地方の**チェチェン紛争**［★］に軍を投入して抑え込み、実績をあげました。そこでエリツィン大統領はプーチン氏を後継者として指名。２０００年の選挙で当選し、47歳の若さで大統領になったのです。

　すでに2期8年の任期を終え、一度、首相に転じました。そして２０１２年の大統領選で当選し、再び大統領になりました。反プー

2000年2月、チェチェン共和国の首都グロズヌイで掃滅作戦にあたるロシア軍兵士。民族紛争のきっかけはスターリン時代にまで遡る＝ロイター／アフロ

国家保安委員会（KGB）
旧ソ連の秘密警察。国内・国外での情報活動、国家機関・軍への監視、国境守備、反体制活動の取り締まりを担っていた。

チェチェン紛争
1991年11月にチェチェンがソ連からの独立を宣言したがロシア軍が94年武力侵攻。97年に撤退するも99年再び戦火に。2009年に終結。

チンを掲げる世論も根強く、選挙運動は非常に厳しい戦いを強いられたようです。当選後に登場したプーチン氏が涙を浮かべていたのが印象的でした。憲法が改正されて大統領の任期が延長されたため、今後は2期12年という長期政権になる可能性があります。

プーチン大統領は1991年のソ連崩壊を、間近で目撃した経験があります。この失敗を繰り返さないこと。これがプーチン大統領にとっての至上課題です。

ロシアがクリミアの実効支配を強める動きに対して、米国やEU諸国はロシア政府の高官らの資産凍結や渡航禁止など制裁に踏み切りました。徐々にですがその対象を

〈column〉

チェチェン紛争とプーチン

プーチン大統領が首相時代に関わったのがチェチェン紛争です。イスラム教徒の多いチェチェンは帝政ロシア時代に編入され、人々は第2次大戦のころ、カフカス地方から中央アジアに強制移住させられていました。大戦後、故郷に戻れるようになりましたが、すでにロシア人が住み着いていて土地を奪われた後でした。今も続く独立運動や、過激なイスラム組織が生まれる背景には、こうした苦難の歴史があったのです。

広げています。しかし、制裁といってもロシア経済に打撃を与えるような効果的な内容であるとはいえず、対応が後手に回っているという批判もあります。

２０１４年３月24日にオランダ・ハーグで開かれた主要７カ国（Ｇ７）首脳会議では、クリミア編入をめぐるロシアの対応を「違法な試み」であると批判し、首脳宣言（**ハーグ宣言**［★］）を採択しました。宣言では「主要８カ国（Ｇ８）へのロシアの参加を停止」することを明記し、「ロシアが現状をエスカレートさせる場合、制裁を含む行動を強化する用意がある」ことに言及しました。

オバマ米大統領（中央）はウクライナ危機への対応でリーダーシップを発揮できるか（2014年3月24日、オランダ・ハーグで開かれたG7首脳会議に臨む各国・機関のトップ）＝代表撮影／ロイター／アフロ

欧米諸国とロシアは“第2の冷戦”に突入したといえるでしょう

これまでのところ、欧米、ロシアの首脳らは大規模な軍事衝突のシナリオまでは想定していないようです。しかし、歴史が教えてくれるように、戦争というのは1発の銃声から始まるものです。マレーシア航空機が撃墜される痛ましい事件も起きてしまいました。双方の思惑や出方を探りながら、緊張状態の下での綱引きが長期化する可能性があります。欧米諸国とロシアがウクライナをめぐって、まさに〝第2の冷戦〟の時代に突入したといえるでしょう。

ハーグ宣言
2014年3月にオランダ・ハーグで行われた首脳会合で採択された宣言。ロシアのクリミア編入の対抗措置として、ロシアのG8への参加停止などを決めた。

Memo

池上教授のメモ

国際情勢に大きな影響力を持つ米国ですが、政治家の中には国際感覚が疑わしい人々が意外に多くいます。たとえば国会議員の場合、米国から海外へ出たことのない人がかなりいます。

2008年の大統領選挙で、共和党の副大統領候補になったアラスカ州知事のペイリン氏は、知事になるまでパスポートを持っていませんでした。選挙戦に臨んで専門家から国際情勢のレクチャーを受けたとき、「アフリカが一つの国ではない」ということに驚いたというにわかには信じられないようなエピソードすらあります。冗談じゃありません。

政治対立に深く関わる経済事情

そもそも対立の発端は2013年11月、ウクライナの当時の政権が、EUとの間で進めていた協定の準備作業を凍結したことです。ロシアの圧力があったとみられています。野党のEU統合推進派はEUとの関係強化を通じ、新たな経済発展を目指していました。

政府の方針転換に反発し、野党支持者のデモ隊と警官隊とが衝突して混乱が大きくなりました。翌2月下旬、最高会議（国会）はヤヌコビッチ大統領（当時）が不在のまま解任決議をして、政権崩壊につながりました。

EUに加盟すると、加盟国間の貿易や入出国の手続きが簡素化され、関税も抑えられ、人、モノ、金の動きが活発になります。ウクライナが西側で国境を接する隣国のポーランドも2004年にEUに加盟しています。旧ソ連から独立したバルト3国など、ロシアはこうした国々のEU加盟は事実上、黙認してきました。

2014年2月23日、ウクライナの首都キエフで、治安部隊との衝突で犠牲となったデモ参加者を追悼する人々。世界はウクライナ情勢の行方を見守っている＝ロイター／アフロ

その背景には、欧州経済でのロシアの影響力が強まっているという事情があります。ウクライナだけでなくEUも、ロシアとの輸出、輸入が上位を占めるなど密接な取引をしています。たとえばEUがロシアから輸入する天然ガスの割合は、30％に達しています。一方、ドイツなどEU諸国からロシアへの工業製品の輸出割合も大きくなっています。EUの経済圏とロシアの相互依存関係は、予想以上に深まっているのです。つまりEUがロシアに決定的な経済制裁を打った場合、貿易やエネルギー調達を通じて被る経済的なダメージが、EUにも跳ね返ってくる恐れがあるのです。かつて世界が東西に分断されていた冷戦時代とは、この点が異なります。

〈column〉

ロシアがキプロスに怒ったワケ

EUが対応に苦慮したキプロス危機は、ギリシャ国債を大量保有していたキプロスにギリシャ危機が飛び火したかたちでした。キプロス政府が銀行預金に課税をする方針を打ち出すと、国民が怒って大騒ぎになりました。預金のかなりの部分はロシアから入ってきたお金でした。ロシアには石油や天然ガスで大もうけをしたとてつもない大金持ちがいて、預金に課税すると結局はロシアから金を取ることになるじゃないかと反発する事態となったのです。

これに対して米国とロシアの取引関係はＥＵほど大きくはありません。さらにオバマ大統領は、外交問題への関心が薄い「内向き志向」であると批判され、国際社会での指導力低下が指摘されています。

オバマ大統領は、シリア内戦でのアサド政権側による化学兵器使用への対応をめぐり、政権に対する軍事行動も示唆しながら、リーダーシップを発揮できませんでした。結局、ロシアの仲介に救われた面があります。プーチン大統領の〝強気〟は、高い国内支持率を得ているだけでなく、米国のこうした外交政策の弱点を読み切っているためだともいわれます。

どこまでを欧州と呼ぶのか?

拡大を続けるＥＵも新たな課題に直面しています。

２０１３年７月、クロアチアが28番目のＥＵ加盟国となりました。クロアチアは、東西冷戦時代にはユーゴスラビアを構成する一共和国でした。２００４年にＥＵに加盟したスロベニアもそうでした。

東西冷戦が終わったら、ユーゴスラビアは民族、言語、宗教といった違いを理由に、セルビア、モンテネグロ、ボスニア・ヘルツェゴビナ、クロアチア、スロベニア、マケドニアに分裂してしまいました。しかし、「一つの国家に

米国の外交政策の弱点を読み、
ロシアが強気に出ているともいわれています

収まっているのは嫌だけれど、ＥＵという大きなグループには入りたい」という動きが続いているのです。

　問題は、クロアチアよりも先にＥＵに参加したいと手を挙げているトルコが加盟できていないことです。要因の一つには、トルコが圧倒的にイスラム教徒の多い国だからという事情があるようです。

　クロアチアはキリスト教徒の国です。ＥＵ加盟国はそれぞれ生い立ちやかつての経済体制が異なるのに、ふと気がつくとキリスト教の国ばかり。カトリック、プロテスタント、正教の違いはあるにせよ、基本的にキリスト教の国同士だから、文化も同じ、お互いの気持ちが合うから一緒に取り組めるというわけです。

　トルコにしてみれば、「自分たちは欧州の一員だ」という思いがあります。ところがトルコという国はボスポラス海峡を挟んで欧州側とアジア側に分かれ、アジア側の面積が圧倒的に大きいという事情があります。さらにＥＵ諸国は、トルコがクルド人の分離独立運動

旧ユーゴスラビアを構成していたクロアチアは28番目のEU加盟国となった（2013年6月、クロアチアのザグレブでEU正式加盟を祝う人々）＝ロイター／アフロ

を抱えていることを問題視して、「民主化が進まないと加盟は認められない」という態度をとってきました。ＥＵへの加盟問題をめぐっては、「どこまでを欧州と呼ぶのか」という課題も提起されているのです。

〈column〉

EU旗の12の星が意味するもの

EUの旗は青地に金色の星が描かれています。星の数は12です。これは1993年の発足時の加盟国が12カ国だったためではありません。欧州では12という数字に「完璧な数」というイメージがあり、その意味を旗に込めたのだそうです。

米国の国旗にある星の数は州の数を表しています。東部13州に始まり、現在は50州に相当する50個の星が描かれています。国旗にはさまざまな意味があるのです。

ばらばらの欧州は、こうしてまとまった

欧州では第1次大戦、第2次大戦のきっかけとなる戦いが起きました。それ以外でも欧州の国土が頻繁に戦場となりました。廃墟の中で人々は、欧州で戦争を起こさないためにはどうすればよいのか考えました。そして、国境をなくして一つの欧州合衆国にすればいいという発想が芽生えてきたのです。

EUの創設につながる欧州の歩みをおさらいしておきましょう。最初の一歩は資源と産業の共同管理でした。1951年、**欧州石炭鉄鋼共同体**（**ECSC**）［★］の条約が調印され、1952年に発足。ECSCにはフランス、ドイツ（当時は西ドイツ）、イタリア、ベルギー、オランダ、ルクセンブルクの6カ国が参加しました。

欧州の戦争は、しばしばドイツとフランスの国境付近にあるアルザス・ロレーヌ地方の石炭をめぐって起きました。ドイツの立て直しには石炭と鉄鋼が必要でしたが、ドイツが石炭を掘って、鉄鋼業を盛んにすると、また強大な国になってフランスを攻めるのではないかという積年の恨み、恐怖心があったのです。そこで、共同管理

欧州石炭鉄鋼共同体（ECSC）
フランス・西ドイツ・イタリアなど6カ国が1952年に設立した経済協力機関。

をしてドイツが再び軍事大国になるのを抑えようという構想が生まれました。

また1958年には、**欧州経済共同体**（**EEC**）［★］と**欧州原子力共同体**（**EURATOM**）［★］を発足させました。EECは参加国間の関税引き下げや撤廃を通じ、一つの経済圏を形成するのが狙いでした。EURATOMの設立は、一緒に原子力開発をした方が効率的・経済的に取り組めると考えたからです。

こうした試みを重ねながら、1967年、ECSCとEEC、EURATOMが一緒になり、**欧州共同体**（**EC**）［★］が誕生しました。このときの参加国はEECと同じ6カ国でしたが、1973年には、英国、デンマーク、アイルランドが加わり9カ国に増えます。1980年代にはギリシャ、スペイン、ポルトガルが加盟して12カ国に拡大しました。

1992年にはEU統合に道筋をつける**マーストリヒト条約**［★］が調印され、1993年に欧州連合（EU）が発足しました。人口で日本や米国を上回る巨大な経済圏が誕生したのです。欧州はそれぞれの国の規模が小さく、国際競争力は弱いままでした。米国並み

欧州経済共同体（**EEC**）
1958年発足。加盟国間の経済政策を調整して広域経済圏を形成することを目的とする。

欧州原子力共同体（**EURATOM**）
1958年、ECSCの6カ国で設立。原子力産業の開発・資源管理が目的。

欧州共同体（**EC**）
1967年発足。経済統合を経て政治統合を目指し、93年にEUへ発展。

マーストリヒト条約
1991年にオランダのマーストリヒト

の巨大な経済圏が生まれれば、加盟国間の競争は厳しくなりますが、経済圏としての競争力を高めることができます。企業にとっては市場が広がり、大量に商品を生産して売ることができればコストも下

で開催されたEC首脳会議で合意、92年に調印された欧州連合条約の通称。

EUへの歩み

1952年	欧州石炭鉄鋼共同体（ECSC）発足
58年	欧州経済共同体（EEC）、 欧州原子力共同体（EURATOM）発足
67年	欧州共同体（EC）発足
89年	ベルリンの壁崩壊
92年	欧州連合（EU）の創設に関する マーストリヒト条約調印
93年	EU発足
2002年	単一通貨ユーロ流通開始
12年	EUがノーベル平和賞受賞

2度の大戦を経て欧州は共同体づくりに動き出した（1957年3月25日、EEC発足を決めたローマ条約調印式）＝AP／アフロ

がります。

ただしEUには大きな弱点が存在します。それは欧州中央銀行（ECB）がEU全体の金融政策を担っているのに、財政政策は加盟国が個別に受け持っているという点です。

たとえばギリシャやスペインなどが不況になった場合、金利水準を下げて景気対策を打つべきですが、ドイツ経済が好調だと、景気が過熱する恐れがあります。EU全体で金利を下げにくいのであれば、経済情勢の厳しい国は財政支出を増やして景気回復を目指すでしょうから財政赤字が拡大するでしょう。結果としてEU全体の景気対策は小回りが利かず、経済状態の悪い国はさらに財政が悪化しがちです。これが、**ユ**

〈column〉

当初はユーロではなかった

現在、欧州で流通している単一通貨「ユーロ」は当初、「エキュ（ECU）」という名称が想定されていました。ECUとは「欧州通貨単位（European Currency Unit）」の頭文字です。これは単一通貨が導入される前の仮想の通貨単位でもありました。ところが、かつてフランスに「エキュ」と呼ばれる通貨があったことがわかり、特定の国の通貨の名前を使うわけにはいかないとの声が出て、現在のユーロという名称が採用されたのです。

ーロ危機［★］につながってしまった要因の一つでもあります。

　さらに、中東情勢の悪化が、思いがけずEU統合の理念を揺さぶることになりました。内戦が長期化するシリアなどから多くの人々が脱出し、難民として安全な土地を求め、EU諸国を目指しているのです。海を越えようとしたボートが転覆し、不幸にも命を落として海岸に流れついた男児の姿が報じられたことも、各国の対応を促すきっかけになりました。

　EU加盟国は域内での人の移動の自由を認めています。とりわけドイツは第2次世界大戦での戦争責任を踏まえ、積極的な難民受け入れ策をとっています。ただ、2015年だけでも、難民は欧州全体で100万人規模に達する恐れがあり、欧州には受け入れに厳しい国々もあります。今後の中東情勢の緊迫化とも絡んで、「どこまで受け入れは可能なのか」という現実的な議論とも向き合わなくてはならないのです。

コソボの独立とクリミアの独立は同じ?

ウクライナをめぐって軍事的な緊張が高まったときに備えて、考

ユーロ危機
ギリシャが2009年秋、財政赤字の悪化を認め、ユーロの信用が低下。EUが国際通貨基金とともに救済に乗り出した。

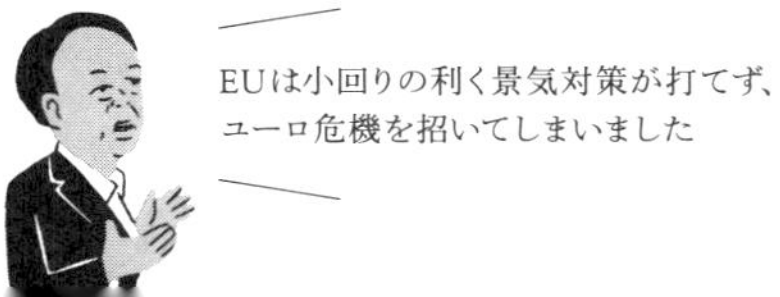
EUは小回りの利く景気対策が打てず、
ユーロ危機を招いてしまいました

えておかなければならない重大な問題があります。その一つがNATOの役割です。NATOというのは加盟国への攻撃に対して、集団的自衛権を行使して共同で戦う軍事組織です。

東西冷戦時代には幸いにも、NATOは東欧諸国と戦火を交えることはありませんでした。しかし、冷戦終結後の1990年代、旧ユーゴスラビアの共和国を構成していたセルビアの自治州である**コソボの分離独立運動**［★］をめぐって難しい決断を迫られました。ここはNATO加盟国ではありません。

コソボは人口の多くを占めるアルバニア系住民とセルビア系住民との武力衝突に発展し、当時のセルビアのミロシェビッチ政権はアルバニア系住民に対する弾

圧を強めました。するとＮＡＴＯは人道的な立場から、空爆に踏み切ったのです。政権崩壊へとつながり、コソボは国連による暫定統治を経て２００８年に独立を果たしています。

　プーチン大統領はこのコソボ紛争を引き合いに出し、「クリミアとコソボは同じ状況にある」として、クリミアのロシア編入を正当化しています。その考え方に立てば、ウクライナ東・南部に多く住む親ロシア系住民の保護を名目に、ロシア軍が侵攻に踏み切ることがあってもおかしくはないのです。にらみ合いの状況は決して予断を許しません。

　ＥＵが目指してきた戦争のない国づくりという理想には、一度にたどりつくわけではありません。その遠い理想に向か

コソボの分離独立運動
1996〜99年、旧ユーゴスラビア・セルビア自治州コソボの独立をめぐる紛争。

って、一歩一歩進むにはどうしたらいいのかということを人々が協力しながら、設計図を描いていくことが重要なのです。うまくいったらその先にいくし、駄目だったら設計図を引き直すという勇気が大切です。

ＥＵは、２０１２年にはこれまでの取り組みが認められ、ノーベル平和賞を受賞しました。ウクライナをめぐるロシアとの攻防と、中東から押し寄せる難民の受け入れ問題は、その理念が試される難しい課題でもあるのです。

日中・日韓の友好を阻む複雑な事情とは

日本にも第2次大戦後、解決しなければならない問題が残されています。周辺諸国との新たな関係づくりに、どう取り組んでいけばよいかという問題です。

２０１４年2月には、興味深いニュースが流れました。ロシアがバルト3国のエストニアとの間で、国境画定条約に調印したのです。ソ連時代の１９４５年に

NATOは人道的理由からコソボ紛争に軍事介入した。その後、コソボは独立国家に（1999年6月、コソボに向かうNATO軍を歓迎するアルバニア系住民）＝ロイター／アフロ

引かれた両国の境界線について、エストニアが譲歩したかたちでした。双方が歴史認識を事実上棚上げし、領土紛争を解消して、新たな経済発展のステップにしようとする狙いもあるようです。

これによってソ連時代も含めてロシアが抱える大きな領土紛争は、日本との**北方領土問題**［★］だけとなりました。プーチン大統領は今後、外交問題や経済問題でどのような決断を下すのでしょうか。日本にとっても交渉の大きな節目となる可能性があります。

韓国とは、大戦中の**「従軍慰安婦」問題**［★］や歴史認識など課題が多く、非常に不幸な歴史があります。島根県・竹島をめぐる領有権問題でも対立し、1965年に国交が回復してから50年がたちましたが、対話が進んでいません。日韓関係は北東アジアの安全保障の要《かなめ》となるだけに、関係改善は喫緊の課題といえるでしょう。

これまで「従軍慰安婦」問題をめぐっては、1992年には当時の加藤紘一官房長官が、1993年には河野《こうの》洋平官房長官がそれぞれ謝罪をしています。

1995年には、民間から補償金を集める「女性のためのアジア平和国民基金（アジア女性基金）」を発足させ、「従軍慰安婦」の関係

北方領土問題
北海道根室半島沖合の択捉島、国後島、色丹島、歯舞島が戦後ロシアに占拠され、日本が返還を求めている。

「従軍慰安婦」問題
旧日本軍が、占領地の女性に対し売春をさせたというもの。日本政府は謝罪と賠償を求め裁判で訴えられた。

者への償いに取り組んだこともあります。ところがこの基金の運営にあたっては、韓国の一部の団体の反発に直面し、うまくいかなかった経緯があります。

　1998年には、来日した金大中《キムデジュン》・韓国大統領と小渕恵三首相が首脳会談に臨み、「日韓共同宣言」（21世紀に向けた新たな日韓パートナーシップ）を発表しました。過去の歴史への反省とおわびが記され、未来志向的な関係を発展させていくことを表明しました。2002年サッカー・ワールドカップ（W杯）の日韓共同開催などを通じて、少しずつ関係改善への取り組みも進みつつあったのです。

　中国との関係は、沖縄県・尖閣諸島の国有化問題（Lecture.5参照）のあと、冷え切ったままです。1972年の日中国交回復以来、最悪の状態にあるともいえます。

　そんな中国との関係を考えていくうえで、理解しておかなければいけない事情があります。中国指導部が日本に強硬姿勢をとる大きな理由の一つは、中国に言論の自由、表現の自由がないという問題と深く関わっています。中国では、そもそも共産党指導部への支持率調査を見たことがありません。裏返すと共産党自身、どれだけ国民に支持されているかがわからなくなっているのです。

　日本であれば、新聞社や放送局が定期的に世論調査をします。国民の内閣支持率や、増税といった政策などに関して賛成か反対かといった聞き取り調査をして発表します。これにより、内閣はその時々の支持率や国民の意識を把握し、場合によっては内閣の退陣、衆院解散、総選挙、政策の軌道修正にもつながっていきます。

結局、中国指導部が国民の思いをどこで知るかというと、インターネットの掲示板で示される意見や会話といったネット世論です。党や政府への批判的な書き込みは削除されてしまうので、そこには反日の極端な意見を書く人たちが目立つ存在になって

1998年10月8日、東京・元赤坂の迎賓館で日韓共同宣言を交換する小渕恵三首相（前列右）と金大中・韓国大統領（前列左）。両国の新たな時代づくりが動き出したが……

2002年のサッカーW杯では日韓のサポーターが共同応援団を結成した。新たな日韓関係を築くには民間交流も大きな力になる

いるのです。指導部はそれを気にせざるを得なくなっている現実があります。

　１９８０年代にこんなエピソードがありました。当時、中国の総書記は胡耀邦《こようほう》氏でした。胡耀邦氏と日本の中曽根康弘首相は個人的にも仲がよく、日中の留学生の相互交流を計画するなど非常に信頼関係がありました。ところが中曽根首相が１９８５年８月15日に靖国神社を公式参拝したことに対して、中国で胡耀邦氏が激しい批判を受けました。学生らの民主化運動に理解を示したことなども問題になり、やがて失脚してしまったのです。

　失脚したあと、胡耀邦氏の罪状が出てきます。その中に、「靖国神社を参拝するような右翼の中曽根と交友関係を持っていた」とありました。

　今の中国の首脳たちはその歴史を見ています。うっかり日本の首相と仲良くなって、その仲良くなった人が靖国神社に参拝したら、自分の立場が

日本政府の尖閣国有化に抗議する中国の人たち。こうしたデモには多くの若者が参加している（2012年9月16日、上海）＝共同

危ないということになります。あるいは「靖国神社参拝は絶対反対」と言わざるを得ません。この事件のあと、「言わないと自分の身が危ない」という思いが中国指導部に刻み込まれたのです。

私が中曽根さんに会ったときにこの点について確認したら、「胡耀邦さんがまずい立場になるといけないと思って、翌年から靖国神社参拝を控えるようにしました」と述べていました。

日中関係でもう一つ無視できない問題は、中国の愛国教育です。要するに、共産党を愛しましょうという教育です。共産党がいかに偉大な党であったのかということを徹底的にたたき込むために、戦争中に日本軍が中国でいかにひどいことをしたのか教えようということになったわけです。それが結果として反日意識を根付かせてしまいました。

そもそも愛国教育に力を入れるきっかけとなったのは、1989年6月、学生や市民らによる民主化運動を弾圧した「天安門《てんあんもん》事件」です。のちの中国発展の基礎ともいえる改革開放路線を導いた最高実力者・鄧小平《とうしょうへい》氏は当時、「経済活動は自由に展開していいが、民主化を唱えてはいけない」と絶対的な方針を掲げました。そして、中国の若者たちが再び党や政府に反旗をひるがえさないよう、徹底した愛国教育を打ち出したという経緯があるのです。

中国の極端な世論が、日中関係を悪化させてしまいます

毛沢東は「七分の功績と三分の過失」という歴史的な評価を与えられ、今も国家の象徴となっている（2012年9月、北京の天安門）

1980年代後半といえば、ソ連や東欧諸国で改革が始まっていました。やがてベルリンの壁が崩れ、米ソが歩み寄って東西冷戦は終結へと向かっていきました。第2次世界大戦後の世界のかたちが大きく変わろうとしていた時代でしたが、中国はこの世界の流れと逆行していったのです。

中国は、日本は過去の歴史を直視していないと批判し、日中戦争など日本の戦争責任について追及します。ところが、中国の歴史の教科書では過去の失敗とされる**大**

躍進政策[★]や**文化大革命**[★]はほんの数行しか書かれていません。ましてや天安門事件は大規模な反乱だったと、これも数行で終わっています。本当のところ、「何があったのか」ということを正しく伝えていないのです。

気をつけなければいけないのは、中国の人々には、日本との関係について本音と建前があるということです。上海や南京で現地の人たちと会話をしてみて、それを痛感しました。そしてこれは、現在の習近平指導部にしても同じではないかと考えています。建前で議論をすればぶつかり合いますが、本音の部分をどう見極めるのかが大事なのです。

大躍進政策
1958年から中国で始まった高度経済成長政策。大勢の餓死者を出すなど失敗に終わり、毛沢東は国家主席を辞任した。

文化大革命
1966年に毛沢東が発動した大規模な思想・政治の熱狂的な大衆運動。混乱や多数の犠牲者を生み、77年に終結。

講義の最後に――過去を知るという責任

ここまで、日本と世界の現代史を知るために、重要と思われる5つのテーマについてそれぞれ解説してきました。戦後70年がどのようにつながっていて、どのような因果関係があるのかを、できるだけわかりやすく説明することを目指してきました。

米国とソ連の首脳が東西冷戦の終結を確認してから四半世紀。その後、中東では湾岸戦争を経て、国際テロ組織「アルカイダ」のような反米を掲げるイスラム過激派が台頭。崩壊したイラクや内戦に陥ったシリアの間隙を突いて、新たに「イスラム国」（IS）が出現しています。

一方、欧州ではウクライナをめぐり、ロシアと欧米諸国がにらみ合っています。アジアでも、中国が習近平体制となって以降、海洋進出の動きを強める戦略を打ち出し、尖閣諸島や南沙（スプラトリー）諸島の領有権をめぐって周辺諸国との緊張が高まっています。地球規模で第2次世界大戦後の枠組みが変わろうとしているのです。

日本の安全保障や国際貢献に関する議論は、こうした国際情勢を抜きに語ることはできません。戦後のつながりを理解するためにも、現代史を知ることが重要です。「愚者は経験に学び、賢者は歴史に学ぶ」という言葉があります。過去の失敗から学ぶことが、未来を切り開く手がかりになるのです。

そして、講義の最後に伝えたいことがあります。読者の皆さんの多くが戦後に生まれた世代でしょう。そうした若い人々にとって、先の大戦の責任はもちろん、日本軍がとった行為などの歴史に対して直接責任はありません。ただし、日本に生まれて育った以上、当時何が起きていたのか、日本は何をしていたのかということを知る責任はあるのではないかと考えています。あるいは海外の人々から「過去の歴史について、どう思う？」と聞かれたときに、答えられるようにしておく責任はあるのではないかと思います。

過去を直視し、未来を切り開く知恵を出し合い、どのように不幸な歴史を乗り越えていけばよいのか。その一歩は若い次の世代に託されているからです。

戦後の大きな転換点を迎え、私たちが生きる日本や世界はどこへ向かおうとしているのでしょうか。幅広い世代の読者の皆さんが「この国のあしたを考える」判断材料として、この講義がお役に立てるのであれば幸いです。

自分たちの国が何をしてきたのか、知る責任があります

年号	世界のできごと	日本のできごと
1917年	●レーニンによるロシア革命。ロシア帝国崩壊	
1922年	●ソ連（ソヴィエト社会主義共和国連邦）誕生	
1945年	●2月、ヤルタ会談（米ルーズベルト、英チャーチル、ソ連スターリン） 「戦後世界のかたち」を議論	●4月、米軍が沖縄に上陸。地上戦開始 ●8月6日、米軍、広島に原爆投下 ●8月9日、米軍、長崎に原爆投下 ●8月15日、終戦 ●10月、マッカーサーによる五大改革指令 労働組合結成、財閥解体など
1946年	●チャーチルによる「鉄のカーテン」の演説 「シチェチンからトリエステまで、欧州大陸を横切る鉄のカーテンが下ろされた」	●預金封鎖
1947年	●米トルーマン大統領が「トルーマン・ドクトリン」発表 「アメリカの自由主義は善、ソ連の社会主義は悪。世界は善と悪の戦いである」	

1948年	●米外交官ジョージ・ケナンが、ソ連の「封じ込め政策」の論文を発表 ●米ジャーナリスト、ウォルター・リップマンが『The Cold War』刊行 ●5月14日、イスラエル建国、第一次中東戦争 ●ベルリン封鎖 ●米国の「空の架け橋」作戦 ソ連による陸路封鎖に対し、空路での物資輸送を行い、西ベルリンを支援	●「こども銀行」制度開始
1949年	●国連パレスチナ難民救済事業機関（UNRWA）設立 ●4月、北大西洋条約機構（NATO）設立 ●5月、ベルリン封鎖解除 ●9月、ドイツ連邦共和国成立（西側） ●10月、ドイツ民主共和国成立（東側）	
1950年	●朝鮮戦争 米ソの代理戦争	●朝鮮戦争 沖縄が物資・兵士輸送の拠点に
1951年		●サンフランシスコ講和条約締結 ●日米安全保障条約締結
1952年	●欧州石炭鉄鋼共同体（ECSC）発足	●長期信用銀行法制定

1953年	●12月、米アイゼンハワー大統領の演説 「Atoms for Peace（平和のための原子力）」	
1954年	●7月、ベトナムが南北に分断（ジュネーブ協定）	●3月、第五福竜丸被曝事故 ●日本の国家予算に、初めて原子力研究予算がつく
1955年	●ワルシャワ条約機構設立	●日本社会党（現・社民党）が統一 ●自由民主党（自民党）が誕生 「55年体制」始まるも、この後は長らく自民党が安定多数。二大政党制は実現せず
1956年	●第二次中東戦争（スエズ戦争） ●ハンガリーで民主化運動	●水俣病の患者を公式確認
1957年		●岸信介首相による国会答弁 「（憲法上は）自衛のための核兵器は許される」
1958年	●欧州経済共同体（EEC）と欧州原子力共同体（EURATOM）発足	●東京タワー完成
1959年	●1月、キューバ革命 カストロが親米派のバチスタ政権を打倒	

1960年	●ベトナム戦争 米ソの代理戦争	《1960~1970年代初め、高度経済成長期。集団就職が盛んになる》 ●三井三池炭鉱労働争議 「総資本と総労働の闘い」 ●日米安全保障条約改正 60年安保闘争。軍事面だけではなく政治・経済に関する協力関係も規定 ●日米地位協定締結 米軍への基地提供や米兵の特権、裁判方法などを規定 ●所得倍増計画(池田勇人内閣)
1961年	●1月、米国・キューバの国交断絶 ●1月20日、米ケネディ大統領(43歳)の就任 ●8月、「ベルリンの壁」建設開始	
1962年	●10月14日、米国の偵察機が、キューバでのソ連製ミサイル基地建設を発見 ●10月22日、米ケネディ大統領、海上封鎖を発表 ●10月27日、米国の偵察機がキューバで撃墜される。全面戦争一歩手前に ●10月28日、ソ連がキューバからの武器撤去を発表	

1963年	●6月、米ケネディ大統領の「平和の戦略」演説 ●8月、米英ソが「部分的核実験禁止条約」に調印 ●11月、米ケネディ大統領暗殺	
1964年	●ソ連・フルシチョフ首相解任。その後、米ソの核開発競争激化 ●パレスチナ解放機構(PLO)設立	●10月1日、東海道新幹線開通 ●10月10日、東京五輪開催 ●経済協力開発機構(OECD)加盟 資本の自由化が進んだのに対抗し、株式持ち合いなど買収対策広がる
1965年	●ベトナム戦争で米軍が北爆を本格化	●ベトナム戦争で米軍が北爆を本格化 沖縄が物資・兵士輸送の拠点に ●日韓基本条約調印
1967年	●第三次中東戦争 「土地と平和の交換」。イスラエルとエジプトの和平進展 ●欧州共同体(EC)発足 ECSC、EEC、EURATOMが統合	●公害対策基本法(93年環境基本法へ)発布
1968年	●チェコスロヴァキアで民主化運動(「プラハの春」)	●内閣調査室が、日本の核兵器保有の実現性について検討

1969年	●ヤセル・アラファトがPLO議長に就任	
1971年 1972年 1973年	●米軍がベトナムから撤退 ●第四次中東戦争	●環境庁（2001年環境省へ）誕生 ●5月15日、沖縄が日本へ返還される ●6月、田中角栄の日本列島改造論 ●7月、田中角栄が首相に就任 ●9月、日中国交正常化 ●チッソが水俣病の責任を認め、被害者への賠償決定
1975年 1976年 1979年	●南ベトナムの首都サイゴン（現ホーチミン）陥落 ●1月、イラン・イスラム革命 ●12月、ソ連によるアフガニスタン侵攻 東西冷戦の代理戦争へ。米国は、ウサマ・ビンラディンも属していたアフガニスタン側を支援	●ロッキード事件 収賄の疑いで、田中角栄逮捕
1980年 1981年	●イラン・イラク戦争 ●エジプトのサダト大統領暗殺	

1985年	●ソ連共産党書記長ゴルバチョフの改革（ペレストロイカ、グラスノスチ、新思考外交） 「雪溶け」。冷戦の終結へ	●4月、日本電信電話公社が民営化しNTTに 上場2ヵ月で株価約2倍。株の投資ブーム ●9月、プラザ合意 円高・ドル安の進行
1986年	●ウクライナでチェルノブイリ原発事故	《1986年12月～1991年2月ごろ、バブル景気》
1987年	●10月19日、ブラック・マンデー（ニューヨーク株式市場大暴落） ●「中距離核戦力（INF）全廃条約」調印（米レーガン大統領とソ連のゴルバチョフ書記長）	
1989年	●2月、ソ連軍のアフガニスタン撤退 ●11月、「ベルリンの壁」崩壊 ●12月、マルタ会談。冷戦終結（米ブッシュ、ソ連ゴルバチョフ） 冷戦の終結を宣言。当時、「冷戦はヤルタで始まりマルタで終わった」といわれた	●4月、消費税（3％）導入（竹下登内閣） ●5月、公定歩合引き下げ ●12月末日、日経平均株価が3万8915円の市場最高値

1990年	●8月、イラク（フセイン大統領）のクウェート侵攻 米国が中心となって多国籍軍を結成、クウェートを支援	●総量規制（銀行が不動産購入資金の貸し出しを控える）
1991年	●1月、湾岸戦争 ●7月、「戦略兵器削減条約（START）」調印 ●12月、ソ連崩壊、CIS（独立国家共同体）設立	
1992年	●マーストリヒト条約調印	●地価税導入 ●PKO協力法可決
1993年	●オスロ合意 アラファトがパレスチナ自治政府の議長に就任。イスラエルとパレスチナの合意達成 ●欧州連合（EU）発足	《1993年ごろ、体感的にもバブル崩壊》 ●自民党・宮澤喜一内閣で、小沢一郎、鳩山由紀夫らのグループが離党 ●小沢一郎と細川護熙らによる8党派の連立内閣ができる 形式的には政権交代。「55年体制の崩壊」
1995年	●イスラエルのラビン首相暗殺	
1996年		●4月、5～7年以内の普天間基地の全面返還に合意（橋本龍太郎首相・米クリントン大統領）
1997年		●消費税5%へ増税（橋本龍太郎内閣） ●三洋証券、山一證券、北海道拓殖銀行破綻

1999年		●カルロス・ゴーン氏による日産の立て直し 株式持ち合いを批判、中止
2000年	●ロシアでプーチン氏が大統領に就任（〜2008年）	
2001年	●9月11日、米同時多発テロ ●10月、米国によるアフガニスタンへの報復攻撃	
2002年	●米ブッシュ大統領による「悪の枢軸」演説 「イラン・イラク・北朝鮮の3つは悪の枢軸である」	
2003年	●イラク戦争 大量破壊兵器の開発を進めているとして、米国がイラクのフセイン大統領を攻撃	●選挙における「マニフェスト」が定着し始める
2004年	●5月、ポーランド、スロベニア、バルト3国等がEU加盟 ●アラファト議長死亡 穏健派のファタハと急進派のハマスの対立が顕在化。パレスチナ自治政府が2つに分断 ●11月、ウクライナでオレンジ革命 親ロ派政権の樹立に対し抗議運動が起こり、新欧派政権が樹立	

2005年	●イランで反米派のアフマディネジャド政権誕生	
2008年	●コソボ共和国独立 ●リーマン・ショック	●リーマン・ショック 世界的な景気悪化。「雇用」か「賃金」かが争点に
2009年	●4月、プラハ演説 米オバマ大統領が核廃絶を訴える（ノーベル平和賞受賞）	●水俣病被害者救済法 ●麻生太郎首相による国会答弁 「日本は自衛のために核兵器を持つことができるが、政策上の方針として保有しない」 ●自民党の大敗。初の民主党政権誕生 戦後初めての本格的な政権交代。「脱官僚」「政治主導」を進めるも失敗
2010年	●第四次戦略兵器削減条約調印 ●12月、アラブの春（ジャスミン革命） チュニジア、リビア、エジプトで長期独裁政権が崩壊	
2011年	●5月、米軍がビンラディンを確保・殺害	●3月11日、東日本大震災 「第二の敗戦」 ●オリンパス事件 内部告発により、決算の不正処理が発覚

2012年	●プーチン氏が大統領に就任（2度目）	●12月、衆議院議員選挙で自民党が圧勝。安倍晋三政権発足 （13年11月、「1票の格差」に最高裁「違憲状態」判決）
2013年	●7月、エジプトのモルシ大統領が軍のクーデターにより解任 ●7月、クロアチアがEU加盟 ●8月、イラン、穏健派のロウハニ大統領に政権交代 ●11月、ウクライナの親ロ派ヤヌコビッチ大統領が、EUとの協定準備を凍結	●6月末、日本の借金が1000兆円の大台突破 （アベノミクス始まる） ●訪日外国人が年間1000万人の大台突破 ●7月、参議院議員選挙で自民党が勝利 （14年11月、「1票の格差」に最高裁「違憲状態」判決） ●10月、水銀に関する水俣条約採択 ●12月、政府の名護市辺野古の埋め立て申請を、仲井真沖縄県知事が承認
2014年	●2月、ロシアがエストニアとの国境を画定 ●2月、ウクライナ国会がヤヌコビッチ氏の解任を決議、政権崩壊 （新欧派の暫定政権設立。ロシアは承認せず） ●3月、米国がQDR（国防戦略見直し）にて、アジア太平洋地域の重点化等発表	●1月、名護市長選挙で、米軍基地移設反対派の稲嶺氏が当選 ●春、労使交渉で、大手企業を中心にベア（ベースアップ）実施が相次ぐ

	●3月、ロシアがクリミア共和国の編入発表 ●12月、米軍中心の国際部隊がアフガニスタンから撤退	●4月、消費税8%へ増税 ●12月、衆議院議員選挙で自民党が勝利
2015年	●7月、米国・キューバが国交回復 ●10月、米オバマ大統領が、16年末までに予定していたアフガニスタンの駐留米軍の完全撤退延期を発表 ●北アフリカ・中東から欧州を目指す難民が100万人規模へ	●日経平均株価が2万円台回復 ●9月、安全保障法制成立 憲法9条の解釈を変更し、「集団的自衛権」の行使へ ●10月、翁長（おなが）沖縄県知事が辺野古の埋め立て承認を取り消し
2017年		●4月、消費税10%へ

文庫化に寄せて

２０１５年６月、文部科学省が、全国の国立大学に対して、「教員養成系や人文社会科学系学部・大学院は、組織の廃止や社会的要請の高い分野に転換する」ように求める通知を出したところ、大学関係者ばかりでなく、経済界からも、人文社会系を軽視するのはおかしいという批判が相次ぎました。

その後、文科省は、廃止を求めたのは教員養成系だけであり、人文社会科学系を否定したわけではないと弁解しきりです。

文科省の当初の通知の発想の背景にあるのは、「すぐ役に立つ教育」が必要とされているという認識でしょう。しかし、「すぐ役に立つ」ものは、すぐに役に立たなくなるのです。経済界も、それを熟知しているからこそ、文科省の通知に異議を唱えたのでしょう。

すぐに役に立つわけではないけれど、やがてじっくりと役に立つ。それが教養というものだと思います。

たとえば歴史を学ぶことは、教養を学ぶことです。過去の人間たちの成功と失敗の営みを知ると、現代の私たちがすべきこと、してはいけないことが見えてきます。

過去の日本で起きた「バブル」とは、何だったのか。それを知ると、人間がいかに愚かなものか見えてきます。バブルが起きないようにするには、どうしたらいいか。いったんバブルが生まれてしまったら、どのように対処すればいいのか。アベノミクスが一部でバブル状態を生んでいるだけに、過去の歴史から学ぶことは意味があるでしょう。

本文中ではシリア難民についても触れていますが、この文庫の元になった単行本の出版後、シリア情勢は一段と混迷の度を深め、多数の難民がヨーロッパへ流入しています。難民とは、どういうものか。これも歴史を学ぶことで、視点を獲得することができます。

さらに2015年10月には、ロシアがシリアのアサド政権を支援して、シリア領内で空爆を開始。遠く離れたカスピ海から巡航ミサイルまで発射して、ロシアの軍事力を誇示しています。

シリアは、反政府勢力を支援するアメリカと、アサド政権をバックアップするロシアとの代理戦争の様相を呈してきました。こうなると、そもそも「東西冷戦」とは何だったのか、という復習が役に立ちます。ロシアがソ連時代、どのような行動様式をとっていたかを知ることで、今後のロシアの動きを予測できる可能性があります。それは、アメリカに対しても言えることでしょう。

現代を見る視点を獲得できるといえば、日米安保条約と自衛隊の海外派遣の歴史を振り返ることで、2015年9月に大論争となった安保関連法制問題が、どこから生まれたかが理解できます。まさに現代は過去の歴史の上に成り立っているのです。

2014年5月に出版された単行本は、幸い多くの読者を獲得しました。文庫化にあたっては、その後の事態の変化に即して加筆・訂正しました。とりわけ高校生や大学入学前後の若者たちに読んでもらいたいという願いを込めて、文庫では書名に「18歳」の文字を入れました。もちろん18歳に満たなくても、大昔に通り過ぎてしまっていても、読んでいただける内容になっていると思います。

文庫化にあたって、日本経済新聞社経済解説部の倉品武文さんと日本経済新聞出版社の堀川みどりさんにお世話になりました。

2015年10月

ジャーナリスト・東京工業大学教授　池上　彰

本書は２０１４年5月に日本経済新聞出版社より刊行した
『池上彰のやさしい教養講座』を、加筆・修正のうえ再編集したものです。

第1章 Lecture.1は日経大学改革シンポジウム「大学で学ぶ教養とは何か」（２０１３年2月26日開催）、Lecture.2は東京工業大学大学祭講演会「中高生に送る将来設計の道しるべ」（２０１３年10月13日開催）を編集しました。第2章、第3章は東京工業大学での講義をもとにした日本経済新聞連載「池上彰の必修教養講座」（２０１３年5月13日〜２０１４年5月26日掲載）を再構成しました。

日経ビジネス人文庫

池上彰《いけがみあきら》の
18歳《さい》からの教養《きょうよう》講座《こうざ》
現代《げんだい》世界《せかい》を知《し》るために

2015年11月2日　第1刷発行

著者
池上 彰
いけがみ・あきら

日本経済新聞社=編

発行者
斎藤修一

発行所
日本経済新聞出版社
東京都千代田区大手町1-3-7 〒100-8066
電話(03)3270-0251(代)　http://www.nikkeibook.com/

ブックデザイン
新井大輔

印刷・製本
凸版印刷

Printed in Japan　ISBN978-4-532-19779-7

nbb 好評既刊

30の戦いからよむ世界史 上・下

関 眞興

歴史を紐解けば、時代の転換期には必ず大きな戦いが起こっている。元世界史講師のやさしい解説で、世界の流れが驚くほど身につく一冊。

30の発明からよむ世界史

池内 了＝監修
造事務所＝編著

酒、文字、車輪、飛行機、半導体……私たちの身の回りのものにはすべて歴史がある。原始から現代までを30のモノでたどる面白世界史。

ライバル国からよむ世界史

関 眞興

隣国同士はなぜ仲が悪いのか。中東紛争からロシアのウクライナ侵攻、日韓関係まで、代表的な20の事象から世界情勢をやさしく紐解く。

カンブリア宮殿 村上龍×経済人 社長の金言

村上 龍
テレビ東京報道局＝編

人気番組『カンブリア宮殿』から68人の社長の「金言」を一冊に。作家・村上龍が、名経営者の成功の秘訣や人間的魅力に迫る。

カンブリア宮殿 村上龍×経済人 社長の金言2

村上 龍
テレビ東京報道局＝編

ベストセラー、『カンブリア宮殿 社長の金言』第2弾。今回は経営者に加え、各界で活躍する著名人の成功哲学をも厳選して紹介。

nbb 好評既刊

カンブリア宮殿 村上龍×経済人1
挑戦だけがチャンスをつくる

村上龍
テレビ東京報道局＝編

日本経済を変えた多彩な〝社長〟をゲストに、村上龍が本音を引き出すトーキングライブ・テレビ東京『カンブリア宮殿』が文庫で登場！

カンブリア宮殿 村上龍×経済人2
できる社長の思考とルール

村上龍
テレビ東京報道局＝編

人気番組のベストセラー文庫化第2弾。出井伸之（ソニー）、加藤壹康（キリン）、新浪剛史（ローソン）――。名経営者23人の成功ルールとは？

カンブリア宮殿 村上龍×経済人3
そして「消費者」だけが残った

村上龍
テレビ東京報道局＝編

柳井正、カルロス・ゴーン、三木谷浩史――経営改革を進める経済人たち。消費不況の中、圧倒的成功を誇る23人に村上龍が迫る。

池上彰のやさしい経済学 1
しくみがわかる

池上彰
テレビ東京報道局＝編

お金はなぜ「お金」なの？　経済を動かす見えざる手って？　講義形式のやさしい解説で、知識ゼロから経済のしくみ・世界情勢が丸わかり！

池上彰のやさしい経済学 2
ニュースがわかる

池上彰
テレビ東京報道局＝編

バブルって何だったの？　円高と産業空洞化って？　年金は、消費税はどうなる？　経済ニュースが驚くほどよくわかる！　待望の第二弾。